Marthe-Lucile Princesse Bibesco, geboren am 28. Januar 1890 in Bukarest, ist am 27. Oktober 1970 in Paris gestorben.

Das Buch »Begegnung mit Marcel Proust« ist im Jahre 1928 bei Gallimard in Paris erschienen: Ein Buch des Erinnerns, des Fragens und des Klärens, geschrieben von einer Frau, welche bei festlichem Anlaß ihre Umgebung nicht nur durch die Erlesenheit des Schmucks, sondern stärker noch durch das anmutig geistvolle Leuchten ihres Wesens bezauberte: Marthe Princesse Bibesco, geborene Lahovary. Vielsagend stark ist das Bild, welches Marthe Bibesco von Marcel Proust zeichnet, dem gewichtigsten Vertreter der Generation der französischen Dichtung, welche auf Gide und Verlaine folgt, diesem hellsichtigen und tiefgrabendsten Psychologen und eigenwilligsten Gestalter sprachlichen Ausdrucks.

insel taschenbuch 1349
Princesse Bibesco
Begegnung mit Marcel Proust

Marthe Princesse Bibesco

Begegnung mit Marcel Proust

Aus dem Französischen übertragen
von Eva Rechel-Mertens

Insel Verlag

insel taschenbuch 1349
Erste Auflage 1991
Insel Verlag Frankfurt am Main und Leipzig
Titel der Originalausgabe »Au bal avec Marcel Proust«:

Hinweise zu dieser Ausgabe am Schluß des Bandes
Vertrieb durch den Suhrkamp Taschenbuch Verlag
Umschlag nach Entwürfen von Willy Fleckhaus
Satz: LibroSatz, Kriftel
Druck: Nomos Verlagsgesellschaft, Baden-Baden
Printed in Germany

1 2 3 4 5 6 – 96 95 94 93 92 91

Begegnung mit Marcel Proust

Inmitten des Balles, auf dem ich Marcel Proust begegnet bin, auf dem er mit mir zu sprechen versuchte und ich ihn nicht anhören wollte, ihn floh, muß wohl unmerklich die Wanduhr, auf der in einer Erzählung von E.T.A. Hoffmann rittlings der Pate Drosselmeier saß, in den tiefen meines Kindergedächtnisses, in jenem mir gehörigen Reich, das nicht mehr von dieser Welt ist, Mitternacht geschlagen haben:

Perpendikel mußte schnurren –
Leise schnurren –
Schlagen Glocken laut kling klang –
Hink und Honk, und Honk und Hank –
Schlagen Glöcklein, ist geschlagen,
Mäusekönig fortzujagen,
Kommt die Eul' im schnellen Flug
Pak und Pik, und Pik und Puk . . .

Diese Worte haben mir lange einen gewissen Schauder eingeflößt, der um so gruseliger war, als er sich nicht erklären ließ. Wenn ich ihn heute mit dem Gefühl vergleiche, das mich von Marcel Proust ferngehalten hat, so deshalb, weil ich ihn aus Gründen mied, die mir scheinbar noch weniger einleuchteten. Ich gebrauchte mir selbst gegenüber den Vorwand, daß ich ja schließlich zum Tanzen auf den Ball gekommen sei und er, der Arme, ja gar nicht tanze, doch uneingestandenermaßen bewirkte allein seine Anwesenheit, daß ich aus den Armen des einen Tänzers in die des anderen glitt und den nächsten flehentlich bat, mich nicht an den Platz zurückzuführen, von dem er mich fortgeholt hatte, jenen Platz, vor den, bleich und bärtig, mit hochgeschlagenem Mantelkragen über der weißen Krawatte, Marcel Proust schon gleich bei Beginn der Soiree seinen Stuhl geschleift hatte. Noch dazu hatte er ihn in einer Weise zwischen mich und den Saal gerückt, daß es aussah, als wolle er mich mit Beschlag belegen, von der Umgebung absondern und zusammen mit sich selbst von der übrigen Welt isolieren. Hat er damals wohl die Gründe meines unglaublichen Benehmens durchschaut? In einem Brief, den er mir ein Jahr darauf geschrieben hat, spielt er auf den Abend an, an dem ich ihm ›so feindselig‹ vorgekommen sei. Aber konnte er denn begreifen, weshalb ich das Gespräch abbrechen, mich mit aller Macht von ihm loslösen wollte? Es war, weil er in mir die Angst vor dem Unsäglichen weckte. Die Lektüre einer von Alexandre Dumas fils übertragenen phantastischen Erzählung hatte mich einst in die gleiche Art von Panik versetzt. Das Zimmer, in dem sich, von ihren Spielsachen umgeben, am Weihnachtsabend zwei Kinder aufhielten, verwandelte sich in dieser Geschichte in einen Ort des Grauens von dem Augenblick an, in dem eines von ihnen auf der Pendüle des Vorzimmers anstelle einer Bronzeeule, die sonst immer dort gesessen hatte, den einäugigen Paten mit gekreuzten Beinen hocken sah. Von da an war alles möglich geworden: die Wirklichkeit hörte auf. Sie hörte in dem Moment auf, in dem Marcel Proust auf jenem Ball, wie einem Traum entstiegen, mit seinem Pelzcape, seiner Leidensmiene und seinen Augen, die die Nacht vor sich sahen, auf einem vergoldeten Stühlchen sich mir gegenüber niederließ.

Man hat an alle Pforten geklopft, die auf gar nichts führen, vor der einzigen aber, durch die man eintreten kann und die man vergeblich hundert Jahre lang hätte suchen können, steht man, ohne es zu wissen, und sie tut sich auf.[1]

Der Mann, der diesen geheimnisvollen Satz geschrieben hat, besaß die Schlüssel zu der Welt, in die ich ihm an diesem Abend nicht folgen wollte, in die er mich aber seither hineingezogen hat.

*

Ich verdanke der Freundschaft Antoine Bibescos, daß ich in das verbotene Land, das Land dessen, das ohne mich da war, eingedrungen bin, die Briefe[2] habe lesen können, die Marcel Proust ihnen beiden, seinem Bruder Emmanuel und ihm, zu einer Zeit geschrieben hat, zu der ich noch nicht war, und daß ich alle die wörtlich anführen kann, die zum Verständnis dieses Berichtes dienlich sind. Eine große, eine außergewöhnliche, eine lange Freundschaft, deren erste Strahlen ich wahrgenommen habe und deren Nutznießerin ich unverdienterweise geworden bin, bestand zwischen meinen beiden Vettern Bibesco, ihrem Freund Bertrand de Fénelon[3] und Marcel Proust schon lange, bevor ich für sie oder auch nur für mich selbst existierte. Ich bin als letzte dazugekommen und habe mehr empfangen, als

1 Die wiedergefundene Zeit. Deutsche Ausgabe 1957 VII, S. 282.
2 Die Briefe Marcel Prousts an Antoine Bibesco sind später in einem ›Aux enfers avec Marcel Proust‹ betitelten Band erschienen.
3 Comte Bertrand de Salignac-Fénelon, gefallen für Frankreich am 17. Dezember 1914.

ich gegeben habe; ich bin spät in eine Welt eingetreten, die schon vor mir fertig war; ich wurde zu einem Kreis zugelassen, der bereits in sich geschlossen war. ›Arbeiter der elften Stunde‹ wurde ich mit einem schönen Namen benannt.

Dieses Universum, in das Emmanuel und Antoine mich selbstherrlich und zunächst fast gegen meinen Willen eingeführt haben, hatte Paris als tragenden Planeten und die Kunst als Sonne. Man zog dort gemeinsam seine Bahn; man sprach eine selbsterfundene Sprache, was mir in Anbetracht meiner Jugend gefiel, denn ›Verschwörung‹ war ja eines der wesentlichen Elemente jener Internatsspiele, von denen ich gerade erst Abschied genommen hatte: ich war siebzehn Jahre alt.

Die ›Ocsebib‹ – das waren die Bibescos. Mit ›Nonelef‹ war der Urgroßneffe des ›Schwans von Cambrai‹ gemeint. ›Lecram‹ war das Anagramm von Marcel, ›tombeau‹, ›das Grab‹, eine Erfindung von ihm, die ›tiefes, unverletzliches Geheimnis‹ bedeutete; ›Hyäne spielen‹ hieß ›ein solches Grab dennoch verletzen‹. ›Connais-tu pas, tombeau, une femme qui s'appelle Louison?‹[1] Um einer Wahrheit Nachdruck zu verleihen, sagte man ›sic‹ und, um sie noch stärker zu betonen, ›sicissime‹.

Neugier und ihre unvermeidlichen Begleiterscheinungen, vertrauliche Mitteilung und Indiskretion, wurden zugleich Passion und Folterqual der vier Freunde, der Gegenstand ihrer Strittigkeiten und das Element ihres immer fruchtbaren und immer wieder neuen Zusammenfindens.

1 ›Kennst du, o Grab, nicht eine Frau mit Namen Louison?‹ Brief XXIII an Antoine Bibesco.

Und schließlich und vor allem noch dies: Was das anbetrifft, was ich Dir aus der heftigen Sympathie heraus, die ich für Dich empfinde, anvertraut habe, so muß die Absolutheit meines sofort gefaßten Vertrauens und die Gewohnheit, Dir alles zu sagen, Dein Vorrecht bleiben und darf auf niemanden sonst ausgedehnt werden.

. . .

Ich kann Dir nur sagen, daß Du mich ein wenig erschreckst, und doch ist es nicht so, daß ich nicht ausführlich genug über dieses Thema mit Dir gesprochen hätte. Ich hoffe, mich diesmal entschiedener ausgedrückt zu haben.[1]

Aus den Briefen zuerst erlernte ich die Geographie ihrer Freundschaft: es war die eines kleinen Landes. Zu dieser Zeit wohnte Marcel Proust bei seinen Eltern Rue de Courcelles 45, Bibescos Nr. 69; nur wenige Häuser trennten sie; man brauchte nicht einmal die Straße zu überqueren oder zu sagen: ›Wenn ihr einmal vorbeikommt . . .‹ Abend für Abend, wenn man von einem Ball, vom Theater oder einem Abendessen in der Stadt heimkehrte, war man gewiß, Marcel Proust zu Hause anzutreffen; man brauchte nur die Treppe hinaufzugehen, zweimal zu schellen, und befand sich in der Zaubergrotte. – Es war wie ein Feuerwerk an einer Stelle, an der man Smaragde bricht; er wußte alles, wird Antoine sagen, und sein Geist warf ein funkelndes Licht auf diese seine Schätze.

Wenn das wenige, das ich weiß, Dich interessieren kann, steht es Dir, mein kleiner Antoine, ebenso zur Verfü-

1 Brief XXIV an Antoine Bibesco.

gung wie mein Herz, meine Kräfte, mein Leben und der geringe Nutzen, den ich gelegentlich für Dein Dasein haben könnte, das heißt ganz und gar. Ich verspüre ganz natürlich, wenn ich an Dich schreibe, jene leichte Rührung, die unwillkürlich solche eindringlichen Versicherungen begleitet, und drücke Dir liebevoll die Hand.[1]

Schon zu dieser Zeit versorgen meine Vettern und ihr Freund Fénelon Marcel Proust, den Gefangenen seines Leidens, von außen her mit Stoff für seine Träume. Sie tragen ihm Bilder und Ideen zu; sie gehen aus, während er bleibt, wo er ist; sie leben, während er das Leben träumt. Das geht freilich nicht ohne gelegentliche Vorwürfe von seiten desjenigen ab, den man zu Hause zurückläßt. Oft jammert er; er beklagt sich, sie ließen ihn ›an seinem Gestade‹ schmachten, um in Gesellschaft zu gehen, in jene Gesellschaft, die er abwechselnd liebt und haßt, die er aber als Nahrung für seine Schöpfung braucht.

Verzeihen Sie mir vor allem meine sämtlichen Ratschläge, zu denen ich wahrhaftig nicht berechtigt bin; der von heute abend soll der letzte gewesen sein. Verzeihen Sie mir, und sagen Sie sich, wenn Sie ihn nicht richtig finden, daß er eine subjektive Veranlagung in mir widerspiegelt, die Eifersucht einer stets an ihren Felsen geschmiedeten männlichen Andromeda, wenn sie Antoine Bibesco sich entfernen und an immer wieder neuen Stätten auftauchen sieht, ohne ihm folgen zu können, so daß also meine gegen das Weltleben gerich-

1 Brief XXII an Antoine Bibesco.

teten Ratschläge nur eine unbewußte, pejorative, didaktische Form des Erhabenen wären: ›La pauvre fleur disait au papillon céleste: – Ne fuis pas! Je reste. Tu t'en vas . . .!‹ – Ich beneide Nonelef und Sie, ich beneide jeden von Ihnen beiden, weil er den anderen sehen kann, während ich als einzige Abwechslung mich in meinem Bett von einer Seite auf die andere wälze. Aber wieviele Meilen lege ich nicht in meinem Geist und meinem Herzen während dieser scheinbaren Ruhe zurück.[1]

Aus den Briefen habe ich zudem erfahren, in welcher Reihenfolge die Freunde zueinander gestoßen sind. Antoine und sein Freund Fénelon sind die ersten, die Marcel Prousts Sympathie auf sich ziehen. Emmanuel kommt dann erst hinzu, gewinnt alsbald jedoch so hohes Ansehen, daß er das ganze ›Land‹ beherrscht. Die Morgenfrühe dieser Freundschaft war nicht ohne Wolken, manche wurden sogar fast absichtlich aufgehäuft. Marcel Proust fängt damit an, seine Gefühle in Spott und gelehrte Anspielungen zu kleiden. In einem seiner ersten Briefe gebärdet er sich als Parteigänger, als Vertreter eines bestimmten Standpunkts. Er stellt seine Freundschaft als ein Gegengift gegen die Perfidie der Gesellschaft hin. Die Dreyfusaffäre ist gerade beendet. Bertrand de Fénelon und Antoine Bibesco sind ›Dreyfusards‹ gewesen, was sie in den Kreisen, denen sie im engeren Sinne angehören, zu glanzvollen jungen Parias macht. Marcel Proust bietet sich – in falscher Bescheidenheit – als Propagandist an und verleugnet dabei die Freundschaft, die er bereits empfindet:

1 Brief XXIV an Antoine Bibesco.

Freitag

Lieber Freund,

Dank für das nette Wort, von dem ich nicht zu hoffen wage, daß es bei Ihnen einem Wunsch entsprungen ist, das aber, wenn es nur den erfüllen sollte, den Sie bei mir vorausgesetzt haben, schon dadurch ein Freundeswort war. Ausgerechnet in einem Band Pascal und einem Band La Bruyère, mit denen ich mich heute abend über meine Sehnsucht hinwegtröstete, stoße ich auf das Wort ›Freund‹ in mehrfacher Wiederholung, und zwar im Sinne von ›einer von beiden‹ und in dem eines ›Fürsprechers‹.

La Bruyère sagt: ›Ein Mann in einer gewissen Stellung soll . . . geistvolle Leute lieben, sie als seinesgleichen annehmen . . . Er könnte gar nicht mit genug Wohltaten oder zumindest liebevollem Verhalten . . . die Lehren und die Dienste bezahlen (ich weiß nicht recht), die er ihnen, selbst ohne sein Wissen, verdankt. Wieviele kleine Gerüchte setzen sie nicht in Umlauf (aber wenigstens, Bibesco, lesen Sie mich, denn wenn Sie mich nicht lesen, ist es ja nicht der Mühe wert, daß ich mich damit abquäle, diese Glanzstelle abzuschreiben), wieviele Geschichten verweisen sie nicht ins Reich der Fabel oder der Erfindung (das wird zu lang, ich lasse das Schönste fort), und bei tausend Gelegenheiten streuen sie Fakten und Einzelheiten aus, die vorteilhaft für ihn sind und Spott und Lachen gegen diejenigen wenden, die entgegengesetzte Dinge behauptet haben‹ usw.

Pascal drückt sich kürzer und drastischer aus (und zudem bin ich höchst verwundert, ihn über alles, was sich bei Madame de Saint-V.[1] zuträgt, derart auf dem

1 Madame de Saint-Victor. Sie unterhielt einen literarisch-politischen Salon.

laufenden zu sehen): ein Freund ist so sehr von Vorteil selbst für die größten Herrn, insofern er Gutes von ihnen sagt und sogar in ihrer Abwesenheit (sogar ist wirklich geistreich) zu ihnen hält, daß sie alles tun sollten, um solche Freunde zu haben. Sie sollten jedoch sorgfältig wählen, denn wenn sie alle ihre Bemühungen nur an Dummköpfe wenden, so wäre das höchst unnütz usw., selbst wenn sie (die Dummköpfe) gut von ihnen sprechen. Das werden sie aber nicht einmal tun, wenn sie merken, daß sie die Schwächeren sind. Denn sie setzen sich allein nicht durch (gut gesagt) und werden sich daher zum Zweck übler Nachrede zusammentun (1901). Ich hätte gern (hier spricht nicht mehr Pascal, leider brauche ich Sie wohl nicht erst darauf aufmerksam zu machen) Geist, der Ihnen bei anderen nützen könnte, aber Sie gehen nicht auf Nutzen aus, und ich bringe auch keinen. Gestern waren Sie unausstehlich, lieber Telephas[1], und gar nicht auf der Höhe. Aber Sie hatten zuvor schon den Weg zu meinem Herzen gefunden. Ich sage Ihnen daher das, was man den Leuten sagt, die man zum ersten Mal sieht: »Jetzt, wo Sie den Weg kennen, kommen Sie hoffentlich wieder.« Dieser Abschluß eines sentimentalen ›tour de propriétaire‹ ist allerdings etwas zu plump, um einem Pariser Publikum die Illusion ausreichend großen psychologischen Scharfsinns zu verschaffen. Vielleicht können Sie ihn in ›La Lutte‹[2] verwenden, wenn Ihnen eine Replik fehlt, so wie man in das göttliche Antlitz der Demarsy die

1 Telephas, griechisch = Der aus der Ferne spricht. Diesen Beinamen hatte Antoine Bibesco von Marcel Proust bekommen, weil er oft durchs Telefon mit ihm sprach.

2 ›La Lutte‹, Theaterstück von Antoine Bibesco, das nie erschienen ist.

Haut eines untergeordneten Wesens eingeflickt hat – oder wie gewisse Venezianer beim Bau ihrer Basilika in das selbstgeschaffene Werk aus geliebten Ländern mitgebrachte Teile eingefügt haben. Lieber Freund, genug jetzt der Briefe (ich spreche nur von meinen, da ja nur diese wirkliche Briefe sind, während Sie mir immer nur Botschaften schicken, die Sie mir auch telefonisch hätten übermitteln können). Alles das bedeutet, daß man sich viel zuviel mit der Freundschaft beschäftigt, die an sich etwas Unreales ist. Renan findet, man solle Privatfreundschaften meiden. Emerson meint, man tue gut, im Laufe des Lebens seine Freunde zu wechseln. Allerdings haben ebenso Große wie diese das Gegenteil gesagt. Aber ich fühle mich gewissermaßen müde der Unaufrichtigkeit und der Freundschaft, was fast dasselbe ist . . . *Marcel Proust*[1].

In einem anderen Brief wird nur Fénelon beschuldigt, sich durch zuviele Freundschaften zu zersplittern. Marcel Proust hat schon das Zentrum der seinen gefunden:

. . . Dies ist ein wirklich mehr als dummer Brief, und zwar endgültig. Ich würde nicht wagen, ihn an Nonelef zu schicken, weil ich mit ihm noch im Stadium der Hoffnung bin. Bei Ihnen habe ich, scheint mir, nichts mehr zu verlieren. Sagen Sie Fénelon, daß ich sehr viel Sympathie für ihn hege und mich nur allzu glücklich schätzen würde, wenn er mir im Austausch für meine so sehr große ein Stückchen von der gönnen würde, die er aufteilt, um sie an soviele Personen zu verzetteln. Auch ich verzettele mich, aber nacheinander. Was jedem einzel-

1 Brief x an Antoine Bibesco.

nen zufällt, wird dadurch kurzlebiger, aber intensiver. Bei dieser Gelegenheit fällt mir ein, lieber Freund, daß wir uns schon längst entzweit haben müßten. Sie haben bei weitem das Höchstmaß an Zeit überschritten, das ich meinen Freundschaften zubillige. Entzweien wir uns also schnell. Ihr *Marcel Proust*[1].

Die Dreierfreundschaft macht rasche Fortschritte, obwohl der Geist der Kritik dem entgegenzuwirken versucht. Um mir vorzustellen, wie Marcel Proust Bertrand de Fénelon sieht, muß ich an seine Empfänglichkeit für den Zauber der Namen denken und auch daran, daß Fénelon, als ich ihn viel später kennenlernte, mit seiner Gesichtsfarbe und seinen blauen Augen und seiner zwanglosen Haltung ganz genau das verkörperte, was Proust an liebenswerten Zügen in seiner Synthese eines jungen französischen Edelmanns vereinigt hat. Was Antoine Bibesco anbelangt, so wird man ein ganz mit den Augen der ›Parnassiens‹ gesehenes Bild in dem antikischen Porträt erkennen, das in seinem Überschwang sein neuer Freund von ihm gezeichnet hat:

Alle, die diesen jungen Diplomaten, der eine so große Zukunft hat, mit ›Prinz‹ anreden, kommen sich selber vor wie Gestalten aus Racine – so sehr erinnert er durch seine mythologische Erscheinung an Theseus oder Achill. Monsieur Mézières, der soeben mit ihm spricht, wirkt wie ein Oberpriester, der Apollo befragt. Aber wenn, wie der Purist Plutarch behauptet, die delphischen Orakel des Gottes in sehr schlechtem Stil abgefaßt waren, kann man von den Antworten des Prinzen

1 Brief XI an Antoine Bibesco.

nicht das gleiche sagen. Seine Worte haben wie die Bienen seines heimischen Hymettos schnell bewegliche Flügel, keltern einen köstlichen Honig und entbehren dennoch nicht eines gewissen Stachels.[1]

Und nun fangen die drei Freunde auch an, gemeinsam auszugehen. In den Briefen ist von einem Abendessen in Armenonville die Rede. Durch zahlreiche kleine Botschaften läßt Marcel Proust seine Freunde wissen, daß sie ihn bei Larue oder Weber treffen können. Er erwartet sie nach Schluß des Theaters, bei der Heimkehr von einem Ball oder einem Diner, die er nicht zu besuchen gedenkt, von denen er aber durch sie ein auf wunderbare Weise langnachhallendes Echo vernehmen wird.

Lieber Antoine,
Du wärest sehr nett, wenn Du auf dem Rückweg von Madame de Pierrebourg[2] auf alle Fälle (wann mag das sein) vorbeikämst. Triffst Du mich nicht an, so findest Du ein Wort von mir vor, und es liegt ja soviel besser an Deinem Weg. Warum bist Du so nett zu mir? Willst Du, der Du schon Ibsen und Carlyle bist, auch noch Jesus werden? Ich mache mir nichts aus dem ›Consolateur‹ trotz einiger hübscher Landschaftsbilder. Aber es betrübt mich, daß ich mich von allem so weit entfernt fühle, was Bertrand in der Literatur liebt. Ich gebe zu, daß Ms.[3] Vorlieben nicht besser waren, aber sie waren unterhaltender. Ich mußte Dir das unbedingt sagen, obwohl es

1 Chroniques, p. 34.

2 Baronin Aimery de Pierrebourg, deren literarischen Salon Marcel Proust und die Brüder Bibesco besuchten.

3 Robert de Montesquiou.

doppelt töricht und zwiefach verletzend ist. Ach! es ist manchmal falsch zu denken, daß ›ces reliques du cœur ont aussi leur poussière‹[1], und man wird manchmal von der verbrecherischen Wahnidee erfaßt, ›de porter la main sur leurs restes sacrés‹[1]. Es ist jetzt drei Uhr am Nachmittag. Ich habe noch nicht geschlafen, weil ich zugleich sehr krank und sehr unglücklich bin. Daher wäre es auch etwas wie Mord, vor halb sieben zu kommen, aber nach halb elf Uhr außerordentlich nett, und zwar an den Ort, den dieses Briefchen Dir nennt. Wäre dir Larue, um elf Uhr, recht?

Ganz der Deine, *Marcel Proust*.[2]

Emmanuels Name taucht in der Korrespondenz erstmals zu einem Zeitpunkt auf, zu dem Marcel Proust Antoine bereits duzt und die Freundschaft der beiden schon eine feststehende Sache ist.

... Dein Bruder hat mir einen so entzückenden Brief geschrieben, daß ich glaube, niemals einen so ungewollt hübschen bekommen zu haben ...[3]

Das beherrschende Element in Antoines Leben ist Emmanuel. Wenn die beiden Brüder getrennt sind, schreiben sie sich täglich. Wer den einen kennt und ihn liebt, muß unwillkürlich auch den anderen lieben. Mit den beiden Worten ›ungewollt hübsch‹ charakterisiert Marcel Proust die Art, wie der ältere Bruder sich gibt: immer tritt er hinter dem jüngeren zurück und möchte, daß man ihn übersieht.

1 Zitat aus ›La nuit d'octobre‹ von Musset.
2 Brief XXVI an Antoine Bibesco.
3 Brief XXV an Antoine Bibesco.

Emmanuel verbringt zu dieser Zeit den größten Teil des Jahres in Rumänien. Er tritt in das rumänische Parlament ein, und Marcel Proust schreibt darüber:

Ich höre, daß Dein Bruder zum Abgeordneten gewählt worden ist. Es gehört sich auch, daß sein großes Herz und sein großer Verstand die Möglichkeit bekommen, auf die Menschen einzuwirken. Ist es das, oder ist es nichts? Aber ich will ihn nicht mit einem Brief langweilen. Nur sag ihm, daß ich ihm von ganzem Herzen gratuliere. Aber denke auch daran, es ihm zu sagen . . . Du vergißt es doch nicht, nicht wahr?

Emmanuels Einfluß nimmt allmählich zu; die Konstellation hat Gestalt angenommen, die große Freundschaft ist da. Die Art, wie die vier jungen Leute miteinander umgehen, gründet sich auf ein ständiges gegenseitiges Insvertrauenziehen. Marcel Proust schreibt an die beiden Brüder zu Beginn der immer enger werdenden Beziehung:

Ihr seid heute abend, um Eure Ausdrucksweise zu gebrauchen, sehr in Hausse begriffen oder – noch bibescohafter gesagt – es gibt heute abend eine beängstigende Hausse zu vermelden (was ganz wie einem Telegramm entnommen klingt, in dem unser Börsenkorrespondent aus London berichtet: Gewaltige Hausse in . . .)[1]

Sich in der Hausse oder Baisse zu befinden, bedeutete, daß man seinen Freunden eine mehr oder minder hohe Meinung von sich beigebracht, sich im Verlauf eines

1 Brief 1 an Emmanuel und Antoine Bibesco.

Abendessens oder eines Gesprächs von einer mehr oder weniger liebenswerten Seite gezeigt hatte. Das waren die ›Aktien‹ Emmanuels oder Bertrands, die für Antoine oder für Marcel solchen imaginären Kursbewegungen unterlagen. Diese Coteriesprache hatte noch etwas von Internatsgewohnheiten an sich, aber Genie ist nun einmal eine langanhaltende Jugend.

Neunzehn Jahre später überließ sich Proust heimlich der Süße der Erinnerung, als er in seiner Studie über den Stil Flauberts die folgenden Sätze schrieb:

Diese jähe, offenkundige ›Hausse‹, die das Talent eines Schriftstellers erfährt, sobald er improvisiert (oder das eines Malers, der wie Ingres etwas in das Album einer Dame zeichnet, die im übrigen von seinen Bildern nichts versteht), diese Hausse müßte in Flauberts Korrespondenz spürbar werden. Statt dessen stellt man eher eine Baisse fest.[1]

Unter den bei den vier Freunden beliebten Wendungen gibt es eine, die ich mit einem Gefühl der Rührung im letzten Band von ›Le Temps retrouvé‹ wiederentdeckt habe, denn sie enthüllt noch einmal die Spur der großen Freundschaft, die sich damit bis zum Gipfel des Gebäudes verfolgen läßt. Auf Seite 158 dieses letzten Bandes, fast schon an der Spitze des alles krönenden Turms, ist von einer ›Konjunktion‹ die Rede. In dem der Astronomie entlehnten Wortschatz meiner Vettern hatte dieses Wort eine ganz besondere Bedeutung. ›Eine Konjunktion zustandebringen‹ hieß: die Bekanntschaft zwischen zwei Personen vermitteln, bei denen es der Mühe

1 ›A propos du style de Flaubert‹ (N.R.F., Januar 1920).

wert war. Die Neigung dazu bekam bei ihnen die Größe einer Berufung. Sie hatten viele Konjunktionen vor meiner Zeit zustande gebracht; sie bewirkten solche auch für mich, und eine der ersten war gerade meine ›Konjunktion‹ mit Marcel Proust.

*

Außerhalb des begrenzten Kreises meiner französischen Familie kannte ich niemanden in Paris, nur Paris selbst, als ich es nach meiner Heirat wiedersah. Unsere Aufenthalte dort waren jeweils nur kurz. Eine Schwiegermutter, die Paris seit dem Sturz des zweiten Kaiserreichs nicht mehr mochte[1], ein Schwiegervater, der es liebte, aber ein Jahr nach meiner Verlobung gestorben war[2], hatten mir alle Hoffnung geraubt, daß wir uns je dort wieder niederlassen würden. Da ich immer unter der Drohung einer plötzlichen Abreise lebte, bekamen meine Reisen nach Frankreich, wo ich meine schönsten Zeiten verlebt hatte, seitdem ich geboren war, den Gefühlswert einer Heimkehr und meine jeweiligen Abwesenheiten den Charakter eines gewaltsamen Lebensentzugs.

Es bestand ein tiefer Gegensatz zwischen der Existenz, die ich in diesen paar Pariser Wochen führte, und der, die auf meine Rückkehr in mein Tal von Cormanic folgte, wo ich während der Wintermonate nur das schwache Gezwitscher der Meisen vernahm, das mir

1 Gräfin Valentine-Marie-Henriette de Caraman-Chimay, zuerst Prinzessin Bauffremont, dann Prinzessin Georges Bibesco.

2 Prinz Georges Bibesco, Mitglied des Institut de France, Historiker, Verfasser von ›La Retraite des Six Mille‹, ›Belfort‹, ›Reims‹, ›Sedan‹, ›Le Règne Bibesco‹ und anderen Werken, ehemaliger Generalstabsmajor der französischen Armee.

aber wenigstens die Gewißheit gab, daß ich in dieser stummen Schneewelt nicht taub geworden war. Meine beiden Vettern, Antoine und vor allem Emmanuel, versuchten, aus meinen kurzen Aufenthalten in Paris für mich ein Viaticum zu machen, das für meine Monate der Langeweile vorhalten würde. Der große Mystiker der Freundschaft, der Emmanuel Bibesco war, nahm sich meiner Jugend an, indem er meine Einsamkeit mit neuen Büchern bevölkerte. Soweit es ihm irgend möglich war, machte er mich auch mit ihren Verfassern bekannt. So bin ich damals dem André Gide des ›Immoraliste‹ und der ›Porte Etroite‹, dem Tristan Bernard des ›Roman d'un jeune homme rangé‹, Jacques-Emile Blanche, Jacques Copeau, Léon Blum – dem von ›Mariage‹ – und seinem Bruder, Blumet genannt, Henry Bernstein und vielen anderen in der Parterrewohnung begegnet, die meine Vettern zu jener Zeit in der Rue du Commandant-Marchand bewohnten. Kaum war ich in Paris, so regnete es auch schon förmlich ›Konjunktionen‹. Ich muß gestehen, daß sie für mich etwas von unehrlichen Tauschgeschäften hatten, da sie denen nichts boten, die man herbeizitierte, um mich kennen zu lernen. Was erwartete sie schon bei diesen ›Thés Marchand‹? Was war ich denn für sie? Eine junge Ausländerin auf der Durchreise, die bald wieder entschwand. Für alle diese berühmten Männer war ich nur die Kusine meiner Vettern, die deren zudem auch noch andere hatten: Anna de Noailles, Hélène de Chimay . . .

Nachdem dann kaum dieser Lichtstrahl aus den Höhen auf mich gefallen war, kehrte ich in die Wildnis meines Tals zurück und versank von neuem in jenes für die Pariser – wie übrigens für alle Stadtbewohner – ganz unvorstellbare Nichts, das Leben auf dem Lande. So einseitig diese ›Konjunktionen‹ auch waren, waren sie doch nicht immer eigens erdacht, um mir bereits bekannte Personen vorzustellen. Zwei Freunde, die, ohne berühmt zu sein, im Leben meiner Vettern eine bedeutsame Rolle spielten, wurden mir als unendlich anziehende und meiner Aufmerksamkeit besonders würdige Gestalten geschildert: es waren der bezaubernde Bertrand de Fénelon, der ›Nonelef‹ der Briefe, und außerdem noch ein seltsamer Mensch, Marcel Proust, den ich wegen seines schwarzen Bärtchens in die Kategorie der ›Tristane‹ einreihte und von dem ich zunächst nichts weiter wußte, als daß er Emmanuels leidenschaftliche Bewunderung für die Kirchen des zwölften Jahrhunderts teilte, der nachzugeben ihn jedoch eine sonderbare Krankheit hinderte, die ihn des Glücks beraubte, bei Tageslicht auszugehen.

Es handelte sich offenbar um eine nervöse Erkrankung, denn ich wußte, daß Emmanuel, der rücksichtsvollste Mensch, den man sich denken konnte, unaufhörlich darauf bestand, daß Marcel Proust gleichwohl ausging, ja ihn fast mit Gewalt dazu trieb, und daß er, der sich niemals einer Sache rühmte, sich etwas darauf zugute tat, seinen Freund zu einer Fahrt nach Chartres gezwungen zu haben.

Ein Ausspruch von Proust, der mir lange zu denken gegeben hat, spielt auf diesen ersten Ausflug zum Zweck der Begegnung mit den gotischen Spitztürmen an: »Zu meiner Rechten, zu meiner Linken und vor mir sah ich dank den Glasscheiben des Automobils, die auf meinen Wunsch geschlossen blieben, den schönen Septembertag gleichsam unter Glas.«

Jetzt, da Emmanuel tot, Fénelon tot und Marcel Proust unsterblich ist, zu dieser Stunde, in der ich anfange, die Schicksalhaftigkeit dessen zu begreifen, was unter meinen Augen damals entstanden ist, versetze ich mich in jeden von ihnen hinein und verstehe, daß mein Vetter eine wesentliche Aufgabe, eine gebieterische Sendung erfüllte, als er die ›Konjunktionen‹ zwischen den Kathedralen und demjenigen möglichst zahlreich gestalten wollte, dem es vorbehalten war, in seinem Werk die Tradition der Kunst der Gotik fortzusetzen, diese Tradition, die, von der Architektur her in die Literatur übernommen, noch einmal in dem Thema des Weißdorns und der blühenden Bäume zu neuem Leben erwachen sollte. Diese Identifizierung Emmanuels mit den Kirchen, die er liebte, die sich in meinem Geist vollzogen hat, finde ich in einem Brief Marcel Prousts an meinen Vetter bestätigt:

Mein lieber Freund,
wenn mich die Brancovans[1] nicht für immer in Ihrer Achtung herabgesetzt haben – wollen Sie mir dann eine Schlußsitzung gewähren, bei der ich endlich Ihre Kathedralen sehen kann? Sie entsprechen ja so ganz Ihrem Geist, der, ernst, wo es um Ideen geht, und sarkastisch den Menschen gegenüber, sicher in ihren Kreuzblumen etwas von seiner Hingegebenheit an die einen und seiner Ironie für die anderen wiederfindet, wie Krypten Schätze und Heiligenbilder birgt und sich mit seiner glühenden Befragung an den Himmel bis in Höhen aufschwingt, die ich noch nicht genau ermessen habe, wenn ich auch sein vielfältiges, von Harmonien begleitetes Aufstrahlen in ihrer Gegenwart und ihrer allseitigen

1 Constantin de Brancovan und seine beiden Schwestern Anna de Noailles und Hélène de Chimay.

Orientierung bewundere. Diesmal aber sind es die Photographien Ihrer Kathedralen, die ich sehen möchte.

...

Was nun die Kathedralen selbst anbelangt, deren jede ich, als ich meine Beine noch zu gebrauchen vermochte, an ihrer entlegenen, geheiligten Stätte aufgesucht habe – könnten sie nicht in rührender Eintracht jetzt, da der Freund, der sie liebt, sie nicht mehr besuchen kann, mit Hilfe Ihrer kostbaren Lichtbilder[1] jene Aufwartung erwidern, die ihnen von meiner Seite so oft zuteil geworden ist? Das könnte, scheint mir, fast den Stoff für eine Erzählung abgeben, der sich als ›alte französische Legende‹ hinstellen ließe, damit zarte Schöngeister sie ›erlesen‹ fänden, aber selbst für einen so kraftvollen und bezaubernden Titanen, wie Sie einer sind, würde es doch sehr ermüdend sein, alle diese Tympanons zu schleppen, soviele Schwibbogen zu stemmen und solche Mengen von Bausteinen zu versetzen. Tun Sie es nicht, lieber Freund. Aber bald, wenn es mir besser geht, werde ich, bevor ich nach Reims, nach Chartres, nach Amiens zurückkehre, kommen und Ihre Kathedralen bei Ihnen anschauen, wo Ihre Gedanken sie mit aller Poesie umspinnen, die sie brauchen, und es wird unendlich wohltuend für mich sein, dann Poesie und Freundschaft zusammenklingen zu lassen ...[2]

Es gibt zahlreiche Briefe, in denen Emmanuel als Experte für gotische Kirchen zitiert oder um Rat gefragt wird, von dem ersten aus Cabourg–Balbec an bis

1 Emmanuel Bibesco besaß eine Photographiensammlung der gotischen Kirchen Frankreichs, die er immer wieder aufsuchte und bis in alle Einzelheiten kannte.

2 Brief VI an Emmanuel Bibesco.

zu demjenigen, in dem zum ersten Mal der Name Saint-Loup auftaucht, der einen so bewegenden Klang bekommen hat, seitdem durch Marcel Proust diese bloße Bezeichnung eines Dorfes der Ile-de-France mit einem so starken Gefühlsgehalt angereichert worden ist.

Grand-Hotel – Cabourg.

Lieber Freund,
ich danke Ihnen von ganzem Herzen für Ihre reizende Karte. Es macht mir großes Vergnügen, daß mein kleiner Artikel[1] Ihnen gefallen hat; es ist sehr lieb von Ihnen, daß Sie es mir schreiben. Ich bin seit acht Tagen in Cabourg, von wo aus ich Kirchen überall in der Normandie besuche. Wenn Sie mir Landschaften oder Bauwerke besonders empfehlen könnten, würden Sie mir damit große Freude machen. Aber beeilen Sie sich, denn ich verlasse bald diese Gegend und fahre in die Bretagne. Allerdings könnten Sie mir auch da ein paar Orte nennen, die Ihnen wirklich eindrucksvoll scheinen. Sie würden staunen, wenn Sie mich hier täglich auf den Landstraßen sähen. Aber es wird nicht für lange sein ... Ich hoffe, Antoine ist in guter Verfassung, ruhevoll, arbeitsam, glücklich – alles, was ich nicht bin! Ich war noch nie so leicht erregt, so gedankenarm, so unglücklich wie eben jetzt. Aber er – er hat ja noch soviel Zukunft vor sich, es ist unbedingt nötig, daß es ihm gut geht, daß er zufrieden ist und daß er arbeiten kann. Ich glaube, ich werde ihm nützen können, weil ich weiß, was gut ist, ohne selbst die Kraft zu haben, es zu tun, und zudem hat es ja auch für mich keine Be-

1 Es handelt sich um den Artikel ›En mémoire des églises assassinées‹, der seither in *Pastiches et Melanges* erschienen ist (p. 91).

deutung mehr. Lieber Freund, ich liebe Sie beide sehr und bin mit allen guten Gedanken bei Ihnen. Victor Hugo hat es besser gesagt: mit meinem Denken, dem besten, das ich in mir habe. *Marcel Proust.*[1]

Lieber Emmanuel,
Sie haben sicher ein Briefchen von mir bekommen, in dem ich Sie um geistig-archäologische Anregungen für die Normandie und besonders die Bretagne bitte. Würden Sie, falls, wie ich hoffe, Ihre Antwort noch nicht abgegangen ist, folgende Information beifügen: Ist die Tapisserie der Königin Mathilde in Bayeux wirklich eine schöne, interessante Sache? Ich bin nach Bayeux gefahren und konnte sie dort nicht sehen. Lohnt es sich, noch einmal hinzufahren? Ich war in Caen, Bayeux, Balleroy und habe immer an Sie beide gedacht.

Ihr Ihnen sehr ergebener Freund
Marcel Proust.[2]

In keinem der Briefe oder auch nur der kleinen Botschaften, die Emmanuel von Marcel Proust erhielt, fehlt das gotische Element. Man nimmt es überall wahr. Hier ist es der Glockenturm von Senlis:

... Ich habe eine ungemein reizvolle Erinnerung an diesen Abend mit Ihnen bewahrt. Wir verstehen es wirklich, für unsere Begegnungen immer noble Zeugen zu wählen und unseren Erinnerungen anmutige Rahmen zu geben: Ist es nicht der Glockenturm von Senlis,

1 Brief IX an Emmanuel Bibesco.
2 Brief XIII an Emmanuel Bibesco.

so ist es der blühende Fingerhut von Redon . . .[1], aber im übrigen handelt es sich dabei um eine, wie Monsieur de Rambuteau sagen würde, ›Superfoetation‹, denn dieses Dekor würde sicher leicht durch unsere zwiefache Phantasie oder, was mir noch kostbarer ist – falls ich nicht damit allzu anmaßend bin –, unsere beiderseitige Freundschaft ersetzt werden. Aber statt Bescheidenheit wäre es vielleicht . . . Undankbarkeit – die Ihre in Frage zu stellen. Ich bitte Sie einstweilen noch nicht um einen Führer für Jersey oder Ihre Protektion für Cabourg, denn ich glaube, ich werde am Boulevard Haussmann bleiben.[2] Übrigens ist es Nr. 102, die anderen Hausnummern, die Sie statt dessen wählen, tragen mir von seiten des Briefträgers den kränkenden Vermerk ›Unbekannt‹ ein.

*

Als Emmanuel ernstlich Marcel Proust zu beeinflussen beginnt, verbünden sich die beiden Brüder gegen sein Asthma, das ihn allzuoft hindert, an ihren archäologischen Exkursionen teilzunehmen:

Da Du alles liebst, was Medizin betrifft, und mich außerdem gern für ein bißchen verrückt hältst, möchte ich Dir mitteilen, daß ich den Arzt konsultiert habe, der neben Faisans als der beste gilt, nämlich Merklen; er hat

1 Anspielung auf ein Bild von Odilon Redon, das sich im Besitz der Bibescos befand.
2 Zu dem Zeitpunkt, zu dem dieser Brief geschrieben wurde, war die erste Phase dieser Freundschaft, diejenige nämlich, in der sich Antoine und Bertrand de Fénelon fast allabendlich in die Rue de Courcelles begaben, beendet. Die Freunde waren nicht mehr Nachbarn, denn Proust war an den Boulevard Haussmann umgezogen.

mir gesagt, das Asthma sei bei mir eine nervöse Angewohnheit geworden und die beste Heilungsmöglichkeit bestehe darin, ein auf Asthmabehandlung spezialisiertes Etablissement in Deutschland aufzusuchen, in dem man mich (ich gehe aber auf keinen Fall hin) wie einen Süchtigen vom Morphium von meinem Asthma ›entwöhnen‹ würde.

Ich werde mit tausend Freuden Deinen Bruder auf seiner Durchreise sehen, aber muß man wirklich diesen Moment abwarten, um mir anzuvertrauen, was sich zugetragen hat? Du weißt, wie verschwiegen ich bin, und könntest mir doch ebensogut darüber schreiben. Nun, urteile selbst und sieh zu. Ich möchte gern von Deinem Bruder hören, was interessanter ist, La Charité oder Nevers . . .

. . .

Wenn andererseits Dein Bruder mich besuchen möchte, könnten wir uns doch sehr leicht auch alle drei sehen, am Abend, wenn er will, oder bei Tage, wenn er die Kirchen in der Provinz anschauen möchte, aber auf alle Fälle, bevor mein Heufieber einsetzt, das heißt vor dem 15. oder 20. April . . .

. . .

Erster Vorschlag. Wir fahren im offenen oder geschlossenen Auto, Freitag Provins, Saint-Loup, Dammarie. Zweiter Vorschlag. Wir fahren mit der Eisenbahn (und Henraux vielleicht im offenen Auto, denn ich glaube, er führe gern trotz des Wetters) nur nach Provins oder nur nach Saint-Loup oder irgendeinem solchen Ort . . .[1]

1 Brief XXXII an Antoine Bibesco.

Mein lieber Antoine,
sage Deinem liebenswürdigen Bruder, daß ich an Pâris[1], Lauris[2], Henraux[3] geschrieben habe. Je mehr dieser Plan Gestalt annimmt, desto mehr mißfällt er mir und desto lieber würde ich an einem dieser Abende mit Deinem Bruder und Dir aufbrechen, in Autun erwachen, Vézelay besuchen und am Abend wieder in Paris sein. Warten wir die Antworten der Automobilisten ab.

Dein Marcel.[4]

Aus diesen Briefen habe ich deutlich ersehen, daß alle diese Ausflüge aufs Land, alle diese Fahrten im Automobil nichts anderes bezweckten, als Marcel Proust neue Bekanntschaften unter den gotischen Kirchen zu verschaffen.

Denn während ›Lecram‹ für die Welt, in der sie leben, auch weiterhin noch seine Maske der Bedeutungslosigkeit trägt, erweisen die beiden Brüder und ihr Freund Nonelef, die ihn ›anerkannt‹ haben – in dem Sinne, wie man eine neue Macht anerkennt –, ihm schon eine außergewöhnliche Rücksicht und Beflissenheit, die durch Bekenntnisse wie die folgenden gerechtfertigt werden:

Alles, was ich mache, ist keine richtige Arbeit, sondern nur Dokumentation, Übersetzung und dergleichen. Das genügt, um mein Verlangen nach etwas Schöpferischem zu wecken, aber befriedigt es natürlich in keiner Weise. Seitdem ich nach jener langen Erstarrung zum

1 François Marquis de Pâris.
2 Georges de Lauris.
3 Lucien Henraux.
4 Brief XXXI an Antoine Bibesco.

ersten Mal den Blick meinem Innern, meiner Gedankenwelt zugewendet habe, empfinde ich die ganze Nichtigkeit meines Daseins, da hundert Romangestalten von mir erflehen, daß ich ihnen einen Körper schenke, so wie die Schatten im Hades bei Homer, die Odysseus anflehen, er möge ihnen etwas Blut zu trinken geben, um sie damit zu neuem Leben zu erwecken, die er jedoch mit seinem Schwert von sich abwehrt. Ich habe die schlummernde Biene geweckt und spüre weit mehr ihren quälenden Stachel als ihre ohnmächtigen Flügel. Ich hatte meinen Geist meiner Ruhe versklavt. Als ich ihm die Ketten abnahm, glaubte ich denn auch nur einen Sklaven zu befreien, habe aber statt dessen einen Herrn über mich gesetzt, für dessen Dienst meine Kräfte zu schwach sind und der mich umbringen würde, wenn ich ihm nicht widerstände.[1]

Damit sagt er selber seinen Leidensweg voraus. Das Blut, das es zu spenden gilt, wird sein eigenes sein. Marcel Proust ist in der Richtung, die er in seinen Jugendjahren eingeschlagen hat, durch die drei Freunde bestärkt worden, die an ihn glaubten. Weil sie den Glauben hatten, erwarteten sie das Wunder von ihm und haben es schließlich auch erhalten – um den Preis, um den immer nur Wunder geschehen. Jeder von ihnen wollte ihm das Nachleben verdanken, das nur er zu vergeben hatte: Emmanuel wollte es um seiner Liebe zur Kunst der Gotik willen, im Namen einer Sensibilität, die noch zarter geartet war als die Blütenbäume; Bertrand de Fénelon wollte es, damit die Formen einer jahrhundertealten Gesellschaft aufgezeichnet würden

1 Brief XV an Antoine Bibesco.

und seine ›blauen Augen‹ die Tage seines Daseins überdauerten, Antoine, um eine unersättliche Neugier zu befriedigen:

Du bist heute abend sehr nett gewesen, aber dennoch bist Du etwas für mich wie ein Seelenkäufer, und ich würde Dir lieber alle Deine Nettigkeiten zurückgeben und meine Seele zurücknehmen, sie so wiederfinden können, wie sie wäre, wenn ich sie nicht veräußert hätte, mit ihren noch unverratenen Geheimnissen, ihrer noch unbefleckten Scham, ihren unentweihten Gräbern und Altären. Augenblicksweise ersteht vor mir das abgelebte, vorwurfsvolle Antlitz dessen, was hätte sein können und nicht ist, das heißt das jenes besseren Wesens, das ich wäre, wenn ich nicht, damit Du um jeden Preis alles genau erführest, das verkauft hätte, was niemand sollte einhandeln können und was in Wirklichkeit nur der Teufel kauft, aber ach, it may be not mended and patched, and pardoned and worked up again as good as new.[1]

Was brachte ich, nachdem jedem seine Rolle schon genau zugeteilt war, zu dem späten Zeitpunkt, zu dem ich erschien, in diese in Verschmelzung begriffene Welt noch mit? Welches war meine Aufgabe bei dem, was hier entstand? Einen Tag lang, eine Stunde vielleicht habe ich einen rasch verhallenden Ton zu dieser Frühlingsmelodie hinzugefügt, weil ich nach ihnen gekommen war, bevor ich meinerseits das Todesthema voller zum Erklingen bringen sollte.

1 ›Es kann nicht ausgebessert, nicht geflickt, nicht verziehen und nicht wieder auf neu aufgearbeitet werden.‹ Brief LXIV an Antoine Bibesco.

Meinen Vettern machte es Vergnügen, ihre Freunde darüber im unklaren zu lassen, wie ungemein jung ich noch war; ich schwieg mich also über mein Alter aus, und zwar aus genau entgegengesetzten Gründen, als die es sind, aus denen gewöhnlich auf diesem Gebiet gelogen wird. Als einem ›Arbeiter der elften Stunde‹ wurde mir gestattet, unberechtigterweise den gesamten Tageslohn einzustreichen. Daß meine Ehe so früh geschlossen war, wie es in der französischen Gesellschaft seit dem achtzehnten Jahrhundert nicht mehr der Mode entsprach, erleichterte die Täuschung. Man hielt mich für ein junges Mädchen, das nach ausländischer Manier den Adelstitel der Familie führte. Launige Verse, die Marcel Proust an Emmanuels Adresse verfaßte, spielen auf dieses Mißverständnis an, das zum großen Amüsement meiner Vettern sich mehrmals wiederholte. In dem gleichen Irrtum befangen wie Marcel Proust, hatte Claude Anet, der zu einem Mittagessen mit uns nach Versailles eingeladen wurde, um die Etappen für eine Reise nach Persien festzulegen, mich mit ›Mademoiselle‹ angeredet, ohne daß meine Vettern daran dachten, ihn aufzuklären. Gegen Ende der Mahlzeit fragte Antoine mich nach dem Ergehen meiner kleinen Tochter, was den Verfasser von ›Mademoiselle Bourrat‹ nicht weiter aus der Fassung brachte, sonst aber Anstoß erregte. Die Kleine war damals ein Jahr alt, ich zählte nur sechzehn Jahre mehr als sie; Männern, die in Paris lebten, wo eine Frau eine Konversation, eine Persönlichkeit erst entwickelt und in der Gesellschaft eine Rolle spielt, wenn sie die Dreißig erreicht hat, jene strahlenden Dreißig, die eine von Bernsteins Gestalten in ›Israel‹ preist, kam das völlig unwahrscheinlich vor.

In der Epoche meiner ersten ›Konjunktion‹ mit Marcel Proust hatte ich wenigstens das Glück, in seinen Augen die Färbung der Tageszeit an mir zu tragen, die er mehr als alles liebte, die der ersten Morgenfrühe, und die für ihn mit der Erinnerung an einen Ausflug unauflöslich verknüpft blieb, den wir nach Saint-Loup-de-Naud und ins Chevreusetal ohne ihn gemacht hatten, was ihm davon zu träumen erlaubte:

Teurer Emmanuel,
dies ist keine bloße Formel, denn Sie sind mir wirklich ›teuer‹. Zuerst einmal Dank, denn Sie schlagen mir nahezu das vor, was mir das angenehmste wäre. Sie wissen, was ich über Ihre Kusine und einen Frühlingsmorgen denke.[1] Was Sie aber vielleicht nicht wissen, ist, daß die Prinzessin, die für mich unendlich hoch über der Herzogin von Hugo steht, seit einem Abend, an dem ich sie kürzlich in der Salle Pleyel sah, unaufhörlich meine Phantasie beschäftigt, und zwar so sehr, daß ich auch gern an einen jungen Mann denke, dessen Haarfarbe ganz auf die ihre abgestimmt und der, wie es scheint, ihr Vetter ist – so wie ich vor zwanzig Jahren, als ich in die Gräfin A. de C. verliebt war, die Nähe von W. . . , ihrem Neffen suchte, da Madame de C., damals P . . . – aber lassen wir das . . .

. . .

Ich glaube, ich habe Ihnen schon bewiesen, wie gern ich Rücksicht nehme. Nur habe ich mir eine (leichte) Grippe geholt, und da ich zudem gerade dabei bin, auf ganz erstaunliche Art meine Stundeneinteilung zu ändern, so daß es mir jetzt gelingt, um zwei Uhr nachmit-

1 ›Cette merveille inconnue, un matin de printemps‹. ›Vacances de Pâques‹. Erschienen im ›Figaro‹ vom 25. März 1913.

tags anstatt um zwei Uhr morgens wach zu sein, wäre doch halb zehn Uhr – was bedeuten würde, daß ich mich wegen der Inhalation etc. um vier Uhr morgens oder sogar schon um drei Uhr (ich dürfte also gar nicht erst einschlafen) wecken lassen müßte – zu kompliziert oder vielmehr unmöglich. Vor einem Monat noch wäre es gegangen, weil ich da noch nach dem alten Schema lebte; ich wäre dann ganz von allein um zwei Uhr morgens aufgewacht, aufgestanden, um acht Uhr fertig gewesen und hätte unseren gemeinsamen Aufbruch abgewartet. Nun aber, da ich die (leider nur schwache) Hoffnung hege, diesem Lebensrhythmus entronnen zu sein, wäre es wirklich absurd, in ihn zurückzuverfallen. Lieber Freund, ich denke mit Wehmut an Senlis, Saint-Leu, Laon, Coucy, an alle die köstlichen Dinge, die Sie erwähnen, an die blühenden Mandelbäume und bin unglücklich bei der Vorstellung von dem Glück, auf das ich verzichte.

Ich tröste mich einzig in dem Gedanken, daß sicherlich X. . . . de Z. . . . uns in C. empfangen hätte; dieser Mann aber bereitet mir ernstliches Unbehagen. Ich finde seine Denkweise absurd und seine Umgangsformen geradezu unerträglich. Wie gern aber sähe ich C. . .! Ich kenne es überhaupt nicht, und es mit Ihnen zusammen zu sehen wäre so schön! Wenn es bei einer solchen Sache nicht vielleicht lächerlich ist, biete ich Ihnen in aller Bescheidenheit meine Vermittlung an. Ich stehe mich sehr gut (ohne daß wir eigentlich befreundet sind) mit dem Herzog von Guiche und könnte durch ihn einen solchen Ausflug erleichtern. Übrigens kennen Sie ihn vielleicht ja auch selbst. Er ist ebenso zuverlässig und charmant, wie der schwarze Gatte von X. kratzbürstig und verletzend ist. Allerdings bin ich wohl selber etwas daran schuld. Ich glaube zudem, daß er ein durchaus ehrenwerter Mann ist, aber der Herzog ist mir lieber, vor allem die Prinzessin. Wie glücklich werden Sie sein, wenn Sie mit ihr diesen Tag bis zu der Stunde verbringen, zu der, wie der Dichter sagt: ›Le clair de lune bleu baignera l'horizon.‹

Wie vieles hätte ich Euch zu erzählen! Vielleicht wird auch Mademoiselle de B. (die mir vorgestern herrliche Nelken geschickt hat) an diesem unvergleichlichen Fest teilnehmen. Mein Bedauern ist wirklich tief!

Noch einmal Dank!

Marcel Proust.[1]

Von diesem Brief, den Emmanuel mir schickte, blieben mir nur der Frühlingsmorgen und die kleinen blühenden Mandelbäume in Erinnerung. Ich bewahrte sie in meinem Gedächtnis auf wie einen Talisman, wie einen Balsam, der bestimmt war, die strenge Kälte meiner Einsamkeit in Comarnic zu bekämpfen, wo ich den bei solcher Höhe und einem solchen Klima noch längst nicht beendeten Winter wieder antreffen würde.

Aus diesem ersten Brief Marcel Prousts, in dem er mich erwähnt, wurde mir klar, weshalb er meine Gesellschaft suchte, und durch ihn erfuhr ich auch etwas über die Natur des Interesses, das ich für ihn hatte, sowie welches Vergnügen ich ihm unbewußt habe bereiten können. Wie Emmanuel mit den Kathedralen in sein Werk eingegangen ist, wie Bertrand mit seinen ›blauen Augen‹, mit seiner Verkörperung der rosigen, goldhaarigen Rasse, bin ich darin durch jenes unbewußte Geschenk vertreten, das jeder nur einmal man-

1 Brief XXVI an Emmanuel Bibesco.

chen kann: ›Nach zwanzig Jahren‹, schreibt er in ›Le temps retrouvé‹, ›wollte ich anstelle der Mädchen, die ich gekannt hatte, diejenigen suchen, die jetzt jene Jugend besaßen, die den anderen damals zu eigen gewesen war . . .‹

*

Ein Jahr darauf wiederholte sich für die Ocsebib ein Abenteuer, das Montesquieu geschildert hat: wir wurden die Perser von Paris. Auf Veranlassung Emmanuels betraute einer meiner Onkel, der damals Minister des Äußeren in Rumänien war, meinen zu jener Zeit vierundzwanzig Jahre alten Mann mit einem diplomatischen Posten in Persien; wir brachen im Gesandtschaftsstil mit drei Automobilen, Beglaubigungsschreiben und sehr wenig Gepäck nach Teheran auf. Als unseren Historiographen führten wir einen Korrespondenten des ›Temps‹, Claude Anet, mit uns.

Nie war eine Reise weniger literarisch bei ihrem Beginn, und nie ist es auf die Dauer eine in höherem Maße geworden. Claude Anet faßte seine Reiseberichte in einem Band ›La Perse en automobile‹ zusammen. Meine eigenen Aufzeichnungen, die ich unterwegs gemacht hatte, wuchsen sich, ohne daß bei mir zuvor die Absicht vorlag und fast ohne daß ich es mir einzugestehen wagte, zu einem Manuskript von beträchtlichem Umfang aus.

Als wir wieder nach Paris zurückgekehrt waren, gab es niemanden, der uns nicht veranlaßte, unsere Reise zu schildern. Kann ein Mensch Perser sein? Barrès, der sich so sehr als Lothringer gebärdete, dem aber Persien noch schönere Träume eingab, wünschte sich sehr, jemanden kennenzulernen, der aus diesem Lande kam. Er fragte mich lange über unsere Reise aus, er wollte wissen, welcher von den beiden möglichen Wegen dorthin, der über den Persischen Golf oder der über das Kaspische Meer durch wüstenhaftere Gegenden führte, ob es in Ispahan noch Sufis und in Schiras noch Babisten gäbe. Am Ende unserer Unterhaltung fragte er mich noch:

– Wann veröffentlichen Sie Ihr Buch?

Ich glaubte bis dahin, als einzige zu wissen, daß ich eines geschrieben hatte.

– Wie soll man nach Loti noch über Persien schreiben? war meine Gegenfrage.

– Loti hat in Ispahan das Buch eines alten Mannes verfaßt, Sie aber das einer Frau von achtzehn Jahren. Das ist doch etwas völlig anderes.

Damit war der Versucher an mich herangetreten. Ein Jahr später tauchte der Band ›Les huit Paradis‹ in den Buchhändlerauslagen auf. Am folgenden Tage verließ ich Paris; nie hatte mein Aufbruch mich weniger Tränen gekostet. In meinem stillen Tal wurde mir jetzt nicht mehr nur durch das Zwitschern der Meisen bewußt, daß ich nicht ertaubt war. Ich erhielt so zahlreiche Briefe aus Paris, daß die Stimmen der Stadt, in der in Gedanken zu leben mir gelungen war, bis in meine Einsamkeit drangen.

Einer der ersten, die mich erreichten, war ein Brief von Marcel Proust. Da ich ihm nur einmal in der Rue du Commandant-Marchand begegnet war, nicht einmal ahnte, daß er in der Salle Pleyel ebenfalls das Konzert, bei dem er mich gesehen zu haben behauptete, oder die Aufführung in der Oper, in der Van Dyck den Tristan sang, besucht hatte, bei welcher Gelegenheit er mich für ein junges Mädchen hielt, war ich durchaus nicht darauf gefaßt, daß er mir schreiben würde; ich meinte, ich sei ihm dafür zu fremd geblieben, und der Beweis dafür, wie sehr das zutraf, war ja auch, daß er nicht einmal meine Adresse in Rumänien kannte und sie erst von Emmanuel erhielt, dem er in einer drolligen Versepistel seinen Dank aussprach:

Faire assavoir à la Princesse[1]
Qu'elle est belle et géniale (sic)
De cela je n'ai pas de cesse.
Mais où l'écrire c'est le hic?

Nohant où fut Sand et Amic
Serait une adresse immortelle
Proche de nous et digne d'elle
Ou dans mon auto (marque Unic) . . .

Mais la France en mars n'est pas chic,
Et plus loin elle a pris son clic,
Ecrivons-lui donc qu'elle est belle:
Mais où l'écrire? c'est le hic.

Balzac situait à Pornic
Entre des fleurs de basilic
L'illustre Aurore, poétesse,

Et pour l'aimable Ferrari[2]
Dont un censeur sévère a ri
Le moindre Stourdza est Altesse.

1 ›Ich schicke Ihnen diesen köstlichen Brief‹ (von Emmanuel Bibesco an den Rand geschrieben).
2 Gesellschaftskolumnist des ›Figaro‹.

Altesse (louchez, ô Soltyck)
Celle qu'à Tristan (par Van Dyck)
Mes yeux voulaient célibataire

Et qu'Eustaziu ou Popesco
Nicolaïde ou Grescesco
Visiteront seuls, dans sa terre . . .

Lieber Emmanuel, ich bin schläfrig und beende nun hier dieses grandiose Stück Dichtung, das – wie Sie sicher schon vermuten – eigentlich dazu bestimmt war, auf das fabulöse *Comarnic*, mit dessen Namen Sie mich wie mit einem Wiegenlied heute abend eingelullt haben, hinzuführen und es in einen der Verse einzufügen. An diese Adresse ohne jeden Zusatz schicke ich nun aufs Geratewohl meinen Brief. Ich hoffe, sie reicht aus, damit ihn die Prinzessin erhält.

Ihr so sehr dankbarer
Marcel.[1]

Gleichzeitig mit der Übersendung der Verse seines Freundes gestand mit Emmanuel seine gutgemeinte Flunkerei. Er hatte ›Les huit Paradis‹ an Marcel Proust geschickt, als kämen sie von mir. Auf diese Weise gedachte er unsere ›Konjunktion‹ auch weiterhin zu begönnern. Die Versepistel kündigte mir einen Brief des ›Lobhudlers‹ an, wie Antoine Marcel Proust zu nennen beliebte, wenn dieser sich systematisch aufs Schmeicheln verlegte. Er tat es, um Stendhal zu kopieren, der seine abendliche Gewissenserforschung mit der Frage begann: »Habe ich heute genügend Schmeicheleien ge-

1 Brief an Emmanuel Bibesco.

sagt?« Es verdroß mich, daß er auch mich damit bedachte. Ich wußte, daß ›Genie‹ und ›Schönheit‹ das mindeste waren, womit man seit Louise Colet und bis auf unsere Tage einer Schriftstellerin gegenüber ihre Werke rühmte. Ich hatte ein Buch geschrieben, ich wünschte mir, noch weitere zu schreiben, aber ich wollte keinesfalls eine Schriftstellerin werden. Aus dem gleichen Zwiespalt des Herzens heraus wollte ich als Kind leidenschaftlich gern leben und nicht wie mein Bruder mit acht Jahren sterben, flehte aber dennoch Gott in meinen Gebeten an, mir das Unglück des Erwachsenseins zu ersparen. So sah das Urteil aus, das ich als Sechsjährige über das Leben fällte, und so ähnlich urteilte ich gewissermaßen auch noch mit achtzehn Jahren. Das ›grandiose Stück Dichtung‹ von Marcel Proust schien mir das Werk eines armen Irren zu sein. Über Ausdrücke wie ›Dichterin‹, ›berühmte Aurora‹, den Vergleich mit George Sand geriet ich förmlich außer mir. Der Brief, der dann folgte und der in der Tiefe der Wälder von Cormanic in meine Hände gelangte, wo ich, schlimmer und besser denn eine Provinzlerin, als Einsiedlerin lebte, veranlaßte mich zu Überlegungen, die todernst wie die Jugend und ebenso unbeirrbar waren, sowie zu einem Entschluß, den ich in der Folge bedauern sollte, da er mich von Marcel Proust entfernte.

Der Brief folgte der Dichtung nach, die ihn angekündigt hatte:

Verehrte Prinzessin,
die Trauer darüber, daß Sie auf so lange Zeit abgereist sind, ist um so größer geworden, nachdem ich Sie jetzt wieder vor mir gesehen, Ihnen eine ganze Weile zugehört habe, Ihr Buch lesen oder die dichtgedrängte Folge

der Aquarelle mit ihrer wundervollen Transparenz habe anschauen dürfen. Welchen Namen kann man einem so neuartigen Kunstwerk geben, das sich an alle Sinne gleichzeitig wendet und sie bezaubert – ja, alle, dabei aber auch an den philosophischen Sinn appelliert wie an das Duftempfinden und das Tastgefühl (ich spreche zu einem Philosophen), das heißt an alles, was man überhaupt mit ›Sinn‹ bezeichnet; und zudem steckt darin sogar etwas – wenn man schönen Dingen einen so häßlichen Namen geben darf – von literarischer Kritik. (Ich denke dabei nicht nur an all diese Motive der orientalischen Volksdichtung, zu der Sie, wie ich vermute, ein wenig hinzugedichtet haben, oder an den Passus über die Grabinschriften, sondern an jene so zauberhaft im Stil der ›Turquerien‹ des achtzehnten Jahrhunderts abgefaßten Seiten, in denen Sie vollkommen das Dekor und die Atmosphäre für einen Vers aus ›Bajazet‹ schaffen[1].) Oh! Sie sind nicht wie die Frauen von Ispahan, die man unter ihrem sackartigen Gewand und der Maske des Schleiers nicht erkennt. Schon gleich bei der Lektüre der ersten Seiten hat man das Gefühl, man spüre das Gewicht Ihres von Schlaflosigkeit ermatteten Körpers, die Hitze auf Ihren Augenlidern, die das Licht zu früh geöffnet hat. Und dazu diese kindliche Heiterkeit, die sicher allein imstande war, Ihnen das stete Gewicht Ihres Denkens tragen zu helfen, eine Heiterkeit, deren Wiedergabe, begleitet von einem mündlichen Kommentar, ganz reizend sein müßte, falls Sie uns eines Tages Ihre ›nichtendenwollende‹ Begrüßung des Sultan Azodos vorführen würden. Sie sind eine vollendete

1 »Bajazet, écoutez, je sens que je vous aime« (Racine). – ›Les huit Paradis‹, p. 235.

Schriftstellerin, Prinzessin, und das besagt nicht wenig, wenn man wie Sie das Schreiben so versteht, daß man eine Vielheit von Künsten in sich vereint: die des Autors, des Duftherstellers, des Musikers, des Bildhauers, des Dichters. Manchmal erzeugt am Ende sogar die unaufhörliche Folge von Schönheit jeglicher Art eine gewisse Monotonie. Das kommt wohl daher, daß jede einen Schatz in sich birgt, wodurch zuweilen der Boden, auf dem man sich bewegt, allzu ebenmäßig wird. Nur drei kritische Bemerkungen möchte ich mir erlauben: ›Corps de femme‹[1] (Frauenkörper) ist, in dieser Weise verwendet, etwas banal geworden, ich weiß selbst nicht, weshalb. Sie haben offenbar gefürchtet, daß, wenn das Wort ›Frau‹ nicht noch einmal auftauchte, sich eine Art von Begriffsverwechslung einstellen könnte. Ich meine aber, das läßt sich in Ordnung bringen, und Sie sind ja eine so geschickte Künstlerin, daß Ihnen sicher etwas Besseres einfällt als mir. Ich hatte mir noch (habe aber im Augenblick das Buch nicht zur Hand) ein oder zwei Sätze, die nach Barrès klingen, angemerkt (vielleicht aber sind es eher Sätze à la Pascal: ›Le . . . Quel . . . pour. . .‹). Ich freilich bin nun ein Feind von jedem Pastiche – außer es ist beabsichtgt, und selbst dann! Schließlich und vor allem noch, und ich hatte es sogar an Madame de Noailles geschrieben, hat sie meiner Meinung nach für die nächsten fünfzig Jahre jedem anderen unmöglich gemacht, Städte etc. unmittelbar anzureden . . . Alles, was man in diesem Genre, in dieser Form unternehmen wird – und mag es noch so aufrichtig, selbst erlebt und lange vor ihr in einem vorhanden gewesen sein –, muß, es sei denn, man begibt sich ins

1 ›Les huit Paradis‹, p. 13/14.

Innerste seines Herzens oder vielmehr dahin, wo das Herz schon wieder denkt, und findet dort eine ganz von der ihren verschiedene, ganz persönliche Ausdrucksform, wie eine Kopie von ihr wirken; ihre Strahlung ist so stark, daß sie alle unsere Helligkeiten verschlingt. Ich bin recht anmaßend, wenn ich ›unsere‹ sage, denn ich selbst habe fast einen ganzen Band verbrennen müssen, der geschrieben war, bevor ich noch irgend etwas von ihr gelesen hatte, in dem aber nun Anrufungen wie

Quimperlé! . . .
Pont-Aven![1]

aus ›L'Ombre des Jours‹ oder ›La Domination‹ zu stammen schienen. Mein Opfer war notwendig, doch es war ein blutiges Opfer. Es wird vielleicht nicht endgültig sein, denn literarische Opfer sind das nur selten. Unter diesem Gesichtspunkt habe ich bedauert, daß für die Literaturbeilage des Figaro[2] gerade Seiten ausgewählt worden sind, auf Grund deren der Leser sich hätte täuschen können, da in ihnen selbst ich nicht sofort die Originalität entdeckte, die mich später in dem Buch so entzückt hat, aber der wunderschöne Gedanke[3], den Sie anführen und mit dem es schließt, stellt es eher gewissen Arbeiten Ruskins an die Seite, die Sie gewiß nicht ken-

1 Diese Erwähnung von Pont-Aven und Quimperlé findet sich wieder in ›Du côté de chez Swann‹, aber ohne Anredeform und Ausrufungszeichen.
2 ›Les huit Paradis‹, p. 93.
3 Heftet euch nicht zu sehr an diese schöne Erde, denn der Tag wird über euch hingehen. Und die Zeit zählt einen jeden Pulsschlag von euch. (Les huit Paradis, p. 282.)
Ich hatte die *Zeit* genannt, die alle Bücher von Marcel Proust beherrscht.

nen und die ihrerseits ihm nichts von einer so ganz anders gearteten Originalität zu rauben vermögen. Erlauben Sie mir, Prinzessin, mich Ihnen zu empfehlen als Ihr ganz ergebener

Marcel Proust.

Der Eindruck, den dieser Brief auf mich machte, läßt sich nur schwer beschreiben. Rein konventionell abgefaßt, mit der förmlichsten aller Schlußformeln endend, ›Ihr ganz ergebener‹, war er nach außen hin der Brief eines Mannes, den ich nur einmal gesehen hatte; aber schon von der ersten Zeile an wandelte er sich im Ton und bekam einen Zug von Aufrichtigkeit, Vertrautheit und mitfühlender Liebenswürdigkeit, den ich mir nicht recht erklären konnte. »Die Trauer darüber, daß Sie . . . abgereist sind. . .« Wie konnte meine Abreise, die nur mich – und zwar jedes Jahr mehr – betrübte, jemanden traurig stimmen, der mich gar nicht oder doch nur so wenig kannte? Wie konnte er es wagen, mir so viele intime, persönliche Dinge einmal im Ton vertraulicher Mitteilung, ein andermal in so lehrhafter Form zu schreiben? Ich gab ihm recht, soweit er mich vor allem warnte, was in mir ein Widerschein von Anna de Noailles war oder auch nur als solcher gelten konnte. Ich bewunderte meine Kusine, die ›Le Cœur innombrable‹, ›La nouvelle Espérance‹, ›L'Ombre des jours‹, ›Le Visage émerveillé‹, ›La Domination‹, ›Les Eblouissements‹ bereits auf den Gipfel des Ruhmes emporgetragen hatten. Aber ich mußte doch der Gefahr aus dem Wege gehen, gleich in meinen Anfängen nichts weiter als ein Zufluß zu ihrem Strombett zu sein. Emmanuel hatte es erfaßt. Auch er bedauerte aus diesem Grund, daß der Redakteur, ohne mich Unerfahrene zu befragen, für den ›Figaro‹ jene Anrufung der Stadt ausgewählt hatte, die Marcel Proust mißbilligte. In dem, was wir – im Unterschied zum Universum – ›le monde-monde‹, die ›Welt‹ im engeren Sinne nannten oder auch als ›die Welt und die Stadt‹ bezeichneten, gefällt das Neue mit Sicherheit immer dann, wenn es nicht *zu* neu ist: ›Les huit Paradis‹ war dort gut aufgenommen worden. Die tonangebenden weiblichen Stimmen, die über dergleichen befanden, hatten dekretiert: »Das ist Anna de Noailles in Prosa.« Dieser von einem Salon zum anderen weitergegebene Schiedsspruch enthob jedermann weiterer Lektüre. Durch welche Gedankenübertragung nun nahm Marcel Proust, der für mich ein fast gleichgültiges Wesen war, mit solcher Selbstverständlichkeit den Standpunkt des erprobten Freundes ein, äußerte er dieselbe Meinung wie Emmanuel? Ich hatte noch nicht begriffen, daß ich, wenn ich auch durch mich selbst in der Existenz Marcel Prousts keine Bedeutung hatte, doch auf Grund einer Analogie eine Rolle spielte, deren Umfang und deren wunderbare Verästelungen ich erst kennenlernen sollte, nachdem ich in sein Werk eingetreten war, wie man in eine jener gotischen Kirchen tritt, die er so sehr liebte, und mich bis in den Chor vorgewagt hatte, von dem man das Ganze samt den Seitenschiffen übersieht; vor allem aber, seitdem ich die Briefe an Antoine und an Emmanuel kannte, die mir gestatteten, an den tiefsten Grund der dort aufgehäuften Gefühlsreichtümer zu rühren, von denen ich noch wenig ahnte, als ich meinen unverdienten Teil davon erhielt. So also war das ›fabulöse Comarnic‹ nur fabulös, weil es für Marcel Proust mit einem anderen rumänischen Dorf, Corcova, identisch wurde, das eine Etappe auf dem Weg nach Konstantinopel gewesen war, auf dem sich damals

Bertrand de Fénelon befand, und zumal für ihn selbst das ideelle Ziel einer Reise wurde, die ihn tausendmal zu Antoine führte, ganz besonders aber zu dem Schmerz Antoines, als dieser seine Mutter verloren hatte. Denn für Marcel Proust ist der Schmerz ein geographischer Ort, an dem wir alle uns einmal treffen müssen. Schon bei unserer ersten Bekanntschaft begegnete er mir dort, denn war ich nicht von dem Schatten einer Verstorbenen begleitet? Die Prinzessin Bibesco – das war für ihn zunächst die Mutter Antoines und Emmanuels, jene Tante Hélène[1], die ich kaum gekannt, deren Erinnerungsbild ich jedoch, ohne es zu wissen, von neuem heraufgeführt und von Salon zu Salon mit mir getragen hatte auf Grund der geheimen Beschwörungsmacht des Namens, der die Einbildungskraft unwillkürlich bis zu dem Tage erlag, an dem ich im Gedächtnis der anderen ihn von ihr übernahm, wodurch ich sie unfreiwillig einem zweiten Tode weihte. Ich kann den ersten Brief Marcel Prousts an Antoine nicht lesen, ohne daß vor mir das Bild einer anderen Frau aufsteigt, die unter dem Namen, den ich noch nicht trug, ins Grab gesunken ist, ohne an den folgenden Passus aus ›Le Temps retrouvé‹ zu denken:

Die Nachfolge im Namen ist traurig wie alle Formen der Nachfolge, wie alle Anmaßung eines Eigentums; immer

1 Prinzessin Alexander Bibesco, geborene Helene Epurano, Tochter jenes Fürsten Kostaki Epurano, der im Jahre 1879 rumänischer Ministerpräsident gewesen war. Sie war musikalisch hochbegabt, hatte die persönliche Bekanntschaft von Liszt und Wagner gemacht und war mit Renan, Leconte de Lisle, Anatole France, Loti, Porto-Riche, Puvis de Chavannes und anderen freundschaftlich verbunden.

aber, ohne Unterbrechung, würde eine Flut von neuen Prinzessinnen von Guermantes heraufkommen oder vielmehr immer und ewig eine einzige Prinzessin von Guermantes, deren Funktionen nur von einem Zeitalter zum anderen einer anderen Frau oblagen, die vom Tode nichts wußte und allem gegenüber gleichgültig war, was unsere Herzen wandelt und verletzt, da der Name über denen, die von Zeit zu Zeit in den düsteren Schlund hinabsinken, seine seit undenklichen Zeiten friedlich daliegende gleiche Oberfläche wieder schließt.[1]

Diese so einzigartige Empfindungsweise, die gleichsam die Verse Victor Hugos Lügen straft:

Le corps se perd dans l'eau, le nom dans la mémoire,
Le Temps qui sur toute ombre en jette une plus noire,
Sur le sombre Océan, jette le sombre oubli. . .[2]

ließ mich später verstehen, worauf die melancholische Vorliebe Marcel Prousts für den Namen beruhte, den ich trug. Während der ganzen ersten Periode der großen Freundschaft, zu der Zeit, als seine Zerstreuungen, Ausgänge, sein Vergnügen, sein Glück ganz und gar, wie es in der Jugend vorkommt, von den Besuchen abhängig waren, die Antoine oder Emmanuel ihm machten, war die einzige Prinzessin Bibesco, die für ihn Realität besaß, die Mutter seiner Freunde. Als sie starb, glich er in einem schmerzhaften Gefühlsvorgang im voraus dem

1 In der deutschen Übersetzung S. 420 f.
2 Etwa: Der Leib verliert sich im Wasser, der Name im Gedächtnis. Die Zeit, die jeden Schatten mit einem noch schwärzeren zudeckt, breitet düsteres Vergessen über den düsteren Ozean.

Leid seiner Freunde das Gefühl an, das er beim Tode seiner Mutter empfinden würde, die damals noch am Leben war.

Mein lieber, guter Antoine,
wenn ich denke, daß Du mir nicht einmal erlaubtest, von dem zu sprechen, das, ohne daß ich es wußte, schon so beunruhigend für Dich war, fürchte ich, Du könntest jetzt diesen Brief hier wütend in den Papierkorb werfen. Erlaube mir aber dennoch, Dir – ohne mich einen Augenblick in Deinen Schmerz eindrängen zu wollen – zu sagen, in welchem Maße ich erfüllt davon bin. Wenn Du wüßtest, Du mein Lieber, wie oft ich heute Deine Reise nachgelebt habe, Deine Reise und den Moment, in dem Du alles erfuhrst! Mich ängstigt die Vorstellung von der Heftigkeit Deines Kummers, ich möchte bei Dir sein, ohne daß Du es weißt. Es würde mich zwar sehr unglücklich machen, wenn ich Dich so sehen müßte, aber doch vielleicht weniger, als gar nichts zu wissen, jeden Augenblick mit Zittern zu erleben und mir jede Minute zu sagen, daß Du vielleicht jetzt, gerade jetzt vor Schluchzen vergehst. Meine zärtlichen Gefühle für Mama, meine Bewunderung für Deine Mutter, meine innige Liebe zu Dir, alles das im Verein bewirkt, daß ich Dein Leiden in mir selbst in einem Ausmaß nachvollziehe, wie ich nicht für möglich gehalten hätte, daß man unter dem Unglück eines anderen leiden könnte, sogar wenn dieser andere ein wenig man selbst geworden ist, da man sich ja ganz daran gewöhnt hatte, ihn als den Hauptteil seines Glücks anzusehen, das nun zugleich mit dem seinen zunichte geworden ist. Wenn ich denke, daß Deine armen Augen, Deine armen Wangen, alles, was ich an Dir so sehr liebe, weil Deine Gedanken und

Dein Gefühl darin wohnen, sich darin ausdrücken in unaufhörlichem Kommen und Gehen, nun auf so lange Zeit hinaus, immer nur der Sitz des Kummers sein und jetzt von Tränen überfließen werden, spüre ich es wie einen körperlichen Schmerz, daß ich mir Dich so vorstellen muß. Ich werde Dir über Deinen Kummer schreiben oder nicht schreiben, zu Dir davon reden oder auch nicht, ich werde alles tun, was Du willst. Ich verlange nicht von Dir, daß Du jetzt Zuneigung für mich verspürst. Alle Deine anderen Gefühle sind jetzt sicher zerstoben. Ich aber hatte niemals ganz erfaßt, daß mich so starke für Dich erfüllen. Ich bin sehr unglücklich.

Marcel Proust.[1]

Sonntag.

Mein lieber, guter Antoine,
ich bin recht unglücklich, so ganz ohne Nachricht von Dir zu sein, aber ich verstehe gut, daß Du nicht schreiben kannst und verlange nicht, daß Du von Dir hören läßt. Nur einen Vorschlag möchte ich Dir machen. Hier heißt es mehr oder weniger, Du werdest vielleicht diesen ganzen Winter über in Rumänien bleiben. Mich wird man, wie Du weißt, von Januar an vielleicht nicht in Paris lassen wollen. Möchtest Du, daß ich mich in der Nachbarschaft des Ortes niederlasse, an dem Du bist, und mir Arbeit mitbringe? Wenn ich kein Asthma habe, könnte ich Februar, März und, falls noch nichts blüht, auch den April bei Dir verbringen, ohne Dir zur Last zu fallen, da ich ja in einer gewissen Entfernung von Dir leben würde, aber doch so, daß ich alle Tage dahin kommen könnte, wo Du mich zu sehen wünschtest, um mit

1 Brief CVII an Antoine Bibesco.

Dir zu plaudern, aber auch alle Tage, an denen Du es nicht möchtest, es nicht zu tun. Dies kann kein festes Versprechen sein, weil ich am Ende krank sein könnte, aber bei mir besteht es als großer Wunsch und als sehr entschiedene Absicht, wofern es Dir paßt. Ich weiß nicht, von wem ich über Dich etwas erfahren könnte. Die Noailles hatten gesagt, eine Beschließerin werde Nachricht bringen, aber sie ist nicht gekommen. Ich habe Angst, Du könntest wieder von diesen nervösen Zuständen befallen sein, die Du schon manchmal hattest. Auch wie es Deinem Bruder geht, wüßte ich gern. Tut es Euch mehr wohl oder weh, zusammen zu sein – ich kann mir von alledem keine rechte Vorstellung machen. Tatsächlich bin ich mir nur über eines klar, nämlich darüber, wie unendlich groß Euer Unglück ist. Kannst Du wenigstens etwas lesen? Ich fürchte nur allzusehr, nein. Im übrigen scheinen mir für alle diese Fragen, die ich mir Deinetwegen stelle, immer die schlimmsten Antworten die wahrscheinlichsten zu sein. Nur sähe ich trotzdem gern, wenn bei Dir das Leben des Geistes nicht infolge einer gewissen Fügsamkeit den Wünschen Deiner Mutter gegenüber, wegen des einzigen, worauf sie hielt, völlig zum Stillstand käme. Das Leben des Geistes braucht ein bestimmtes Maß an Gesundheit, ich weiß es nur zu gut. Um der Gesundheit willen aber muß man darauf sehen, daß der Schmerz nicht zu blind wird und zuviel Schaden anrichtet. Ich will nicht sagen, daß man ihn zu mindern versuchen sollte, was nicht möglich wäre und was man auch gar nicht möchte. Nur sollte man doch danach trachten, aus ihm eine unendlich wohltuende Vereinigung des Geistes und des Herzens, der zärtlichen Liebe und der Erinnerung mit dem Wesen zu machen, von dem im Grunde nichts uns hat trennen können. Nicht aber sollte man sich einem Schmerz hingeben, der den Körper zerstört und das Gedächtnis in einem Maße verdunkelt, daß man die Bilder nicht mehr zu sehen vermag, die man unaufhörlich wieder heraufbeschwören möchte. Das ist vielleicht viel von Dir verlangt. Aber wenn Du am Ende versuchtest, Deinen Bruder Eurer Mutter zuliebe dahin zu bringen, könntest Du vielleicht für ihn ein Beispiel sein. Versuche, wenn Du dazu die Kraft in Dir verspürst, zwei Zeilen für mich zu Papier zu bringen. Niemals werden zwei Zeilen von Dir mir so kostbar gewesen sein, denn hier warten auf sie soviele unaufhörlich wiederkehrende Fragen, Träume, Vermutungen, am Abend und bei Nacht. Ich hoffe, daß Dein Körper wenigstens standgehalten, Dein Geist seine Kraft bewahrt hat und daß Du eine gewisse Sänftigung – ich wage nicht zu sagen Hoffnung – wenigstens in der Erinnerung findest... Kann ich in Paris nichts für Dich tun?

Dein Freund *Marcel Proust.*[1]

Dieses Unmaß an Kummer, das er vorwegnehmend und in Analogie verströmt, hat er sich unter meinem Namen vorgestellt. Und als ich ihn sehr viel später selber zugeteilt bekam, klang das Echo dieser Traurigkeit und des Glücks, das ihr vorausgegangen war, für ihn noch immer in diesen von Zauber erfüllten Silben nach. Beim Lesen seiner Briefe erlebe ich gewissermaßen mit, wie dieser Austausch allmählich zustandegekommen ist. Etwa um die Zeit des zweihundertsten Briefes wurde ich in den Namen hineingeboren, und damit ich

1 Brief CVIII an Antoine Bibesco.

leben konnte, mußte zuvor eine andere sterben. Eine Zeitlang hat Marcel Proust, wenn er von mir sprach, mich stets als ›Eure Kusine‹ bezeichnet. Dann, eines Tages, war das vorbei: das geistige Bild hatte sich gewandelt, seine Einbildungskraft die Tote zugunsten der Lebenden begraben. Wenn er von da an den Söhnen schreibt, spricht er nicht mehr von ihrer Mutter als der ›Prinzessin Bibesco‹, und alle drei wissen es. Ich selbst habe machtlos dem Untergang einer Persönlichkeit beigewohnt, die geliebt worden war, einer Frau, die durch die Magie der Musik ihre Altersgenossen bezaubert hatte. Bei meinem ersten Auftreten in der Pariser Gesellschaft rief ich noch einmal die Erinnerung an sie wach: noch waren es viele, die zu mir von ihr sprachen. Dann waren sie dünnergesät und schließlich zusehends seltener: die letzten, die mir gegenüber noch ihren Namen erwähnten, waren Pierre Loti und Anatole France. Ihre Stimmen sind verstummt. Vor drei Jahren noch war ich für eine alte Händlerin, einen alten Arzt noch ein wenig *sie*, und dann hörte alles auf. . .

Ihm, Marcel Proust, verdanke ich das Verständnis für die Gründe, die manchmal die Haßgefühle innerhalb der Familien nähren oder sogar übermäßig anwachsen lassen, zwischen Personen gleichen Ranges oder im weiteren Sinne Landsleuten gleichen Familiennamens, die sich im Ausland niedergelassen haben. Es geht da nicht um die Nachfolge im Namen, wo naturgemäß die eine die andere ablöst, sondern um etwas wie einen Anschlag auf das persönliche Eigentum, einen ständigen Übergriff, ein empörendes Attentat auf das geheiligte Ektoplasma der Persönlichkeit. Der Name schafft da etwas wie eine feste Umgrenzung, eine Anteiligkeit des Besitzes, bei der ein Austritt aus der Erbengemeinschaft unmöglich ist. Ich weiß von Personen, die einander normalerweise gern gehabt hätten, aber durch die bloße Tatsache erworbener Namensgleichheit ins andere Extrem verfallen sind. Unter Schwägerinnen, unter Schwiegermüttern und Schwiegertöchtern ergeben sich dadurch Vergleiche, das heißt Bevorzugungen, die sich notwendigerweise zum Nachteil für die einen gegenüber den anderen auswirken müssen. Dadurch wird der Selbsterhaltungsinstinkt unaufhörlich gereizt. Wenn ich es recht bedenke, scheint mir allein ein physikalisches Gesetz in seiner Formulierung diesem unheilbaren Übel gerecht zu werden: ungleichnamige Elektrizitäten ziehen einander an, gleichnamige stoßen einander ab.

In dem dritten Brief, in dem Marcel Proust zu dem Sohn vom Tode seiner Mutter zu sprechen wagt, findet sich schon, zu dieser noch so frühen Zeit, eine Vorform der berühmten Telefonszene von Doncières. Dieser Brief war nach Corcova adressiert, wo Antoine in seinem Schmerz sich vergraben hatte und wo Marcel Proust seinen unglücklichen Freund aufzusuchen und, um ihm nahe zu sein, ein paar Monate zu verbringen bereit war:

Mein lieber Antoine,
so sehr ich auch die ganze Zeit über an Deinen Schmerz gedacht und ihn mir auf grausame Weise vorgestellt habe, war es für mich ein neuer Schlag, als ob ich zum ersten Mal klar Deinen Jammer empfand, als ich Deinen kläglichen Brief empfing, als ich Deine kleine, völlig veränderte Schrift erblickte mit ihren verkleinerten, eingeschrumpften Buchstaben, gleich Augen, die durch vieles Weinen ganz klein geworden sind. Als Mama ihre Eltern verlor, war es, wie ich mich erinnere,

ein solcher Schmerz für sie, daß ich mich noch heute frage, wie sie hat weiterleben können. Obwohl ich sie doch täglich und stündlich sah, habe ich sie einmal angerufen, als ich nach Fontainebleau gefahren war. Und durch das Telefon erreichte mich plötzlich ihre kleine, gesprungene Stimme, für immer anders, als ich sie bisher gekannt hatte, wie verletzt, rissig und schrundig, und als ich aus dem Hörer die blutenden und zerschlagenen Stücke auffing, empfand ich zum ersten Mal, was auf immer in ihr zerbrochen war . . .

. . .

Ich bitte Dich nicht darum, mir zu schreiben, jetzt, da ich gefühlt habe, welche Anstrengung es Dich kostet. Doch kannst Du mich durch jemanden von Deinen Plänen unterrichten lassen und ob mein Vorschlag Dir gelegen kommt, die Monate März, April, Mai und Juni (wenn es Dir recht ist, und wenn es keine Blumen gibt) in Corcova zu verbringen. Ich habe die Ahnung, daß Du just in dem Augenblick nach Paris zurückkehren wirst, da ich es verlassen werde, und das betrübt mich. Oder vielmehr, ich bin nicht untröstlich darüber, denn dann werde ich Paris nicht verlassen, was auch immer geschehen mag, und es wenigstens so einrichten, einen guten Monat lang in der Nähe meines armen, lieben Antoine zu verbringen, um mit ihm zu weinen, um zu versuchen, ihn wieder ans Leben zu fesseln, um nett und ritterlich zu sein, kurz, um alles zu tun, was in meiner Macht steht. Leider habe ich schon jetzt mir Vorwürfe zu machen, Dir in meinen Briefen nur von Deinem Schmerz gesprochen zu haben, und ich hatte doch vorgehabt, Dir wieder von diesem und jenem zu erzählen, zuerst von den Dingen, die Deinen Schmerz möglichst wenig berühren, und auch von denen, die entweder etwas Spannung oder einen kleinen Gewohnheitsreiz bieten und dadurch am leichtesten und mit möglichster Schonung den ›Weg zu Deinem Herzen‹ wieder freilegen würden. Dein kläglicher Brief wirft mich aber wieder ganz an den Anfang des Weges zurück, den ich mit meinen Neuigkeiten erklommen hatte, die Dich zwar nicht interessieren, wohl aber Deine Aufmerksamkeit finden konnten. Und ich spüre so sehr Deine starke Ermattung, Deine tiefe Gleichgültigkeit oder Dein tiefes Versunkensein, daß ich nichts mehr Dir zu sagen wage und nicht mehr von dem Dir zu erzählen wage, was ich vorhatte[1] . . .

. . . Wenn Du trotzdem im Dezember irgend etwas ohne mich unternehmen willst, wäre es besser, anstatt nach Ägypten nach Konstantinopel zu reisen, wo Du Bertrand treffen würdest. Deine Gegenwart würde ihm den Anfang seines Exils und die Ungewohntheit seiner Einsamkeit erleichtern. Und Deine alte Freundschaft zu ihm würde Dir seine Gesellschaft im ganzen angenehm sein lassen, da sie eine von denen ist, um derentwillen man nicht gezwungen ist, seinen Kummer zu unterdrücken und die so unerträglich sind.

. . .

Jedermann spricht von Dir mit großem und tiefempfundenem Mitgefühl. Mehrere Deiner Freundinnen, die ich seit kurzem kenne, wie Mme Le Bargy und Mme Tristan Bernard, haben mich sehr bewegt, als sie mir von Dir sprachen. Ich will Dir jetzt aber erzählen, was mich am meisten erschüttert hat. Ich war zu Gallé gegangen, um an einer Vase etwas herrichten zu lassen.

1 Brief CIX an Antoine Bibesco.

Ich erhielt zur Antwort, daß die Arbeiter nicht arbeiten können, da der alte Herr Gallé am selben Tage verstorben ist. Ich erwiderte dem Angestellten, daß es für Herrn Gallé junior ein großer Schmerz sein muß. ›Herr Gallé weiß es noch gar nicht.‹ – ›Wie ist denn das möglich?‹ – ›Er befindet sich gegenwärtig in einem Zustand der Verzweiflung, der seine Gesundheit derart gefährdet hat, daß man nicht wagt, ihm eine Nachricht zu überbringen, die für ihn verhängnisvoll sein könnte.‹ – ›Ist diese Verzweiflung durch die Krankheit seines Vaters entstanden?‹ – ›Nein, er wußte nicht einmal, daß sein Vater krank war. Aber Herr Gallé hat vor einem Monat den Menschen verloren, den er am meisten auf dieser Welt bewunderte: die Prinzessin Bibesco, und seit jenem Tage befindet er sich in einer solchen Niedergeschlagenheit, daß man gezwungen war, ihn zu isolieren und ihm jede Tätigkeit zu untersagen. Und wir verstehen ihn alle, Monsieur, es war eine so gute Frau etc.‹

Und dieser Angestellte wußte nicht, daß ich Dich kannte. Und dieses Urteil habe ich hundertmal gehört.

Verzeih, mein lieber Antoine, ich erzähle Dir nur Dinge, die Dir Schmerz zufügen können. Schluß jetzt damit. Ich schreibe Dir nicht mehr, und wenn ich Dich sehe, will ich Dir Nebensächlichkeiten erzählen. Wenn Du nicht die Kraft hast, meine Briefe zu lesen, mußt Du es eben lassen, und wenn Du mir nicht zuhören kannst, mußt Du mich verlassen, meine Teilnahme an Deinem Schmerz wäre jedoch zu sträflich, und ich werde sie mir nicht mehr gestatten. Deine Mutter würde den schuldigen Freund mit Härte tadeln, der zwar nicht aus Vergnügen, wohl aber aus Schwäche und Niedergeschlagenheit den Tränen ihres Sohnes Nahrung gibt. Ich bin sicher, wenn ich Dich sehen könnte, daß wir in ernsten und nachdenklichen Beschäftigungen einen Kompromiß fänden zwischen Tröstungen, die Du zurückweisen würdest, und Zerstreuungen, die für Dich keine Zerstreuungen wären – und einem Schmerz, in den Du dich trotz allem nicht versenken darfst, und sei es nur, um die Kraft, die Unversehrtheit und Reinheit der Erinnerung eines Vergangenheitsbildes zu bewahren, das Deine Tränen am Ende trüben und verdunkeln werden.

Deshalb kommt auch diese Heirat[1] äußerst ungelegen. Ich hatte Dir aber schon gesagt, bevor ich es sicher wußte, daß mein Vorschlag sich nur auf Ende Februar, März, April bezog und für so lange, wie es Dir recht wäre. Diesbezüglich möchte ich gern eine Antwort von Dir haben, wobei ich natürlich sofort kommen könnte, wenn die Heirat nicht stattfände. Hingegen ist es mir unmöglich, sowohl physisch wie seelisch, den ganzen Winter in Paris zu bleiben. Wenn Du indessen im Januar – oder zu welchem Zeitpunkt auch immer – zurückkommst, werde ich meine Abreise hinausschieben, um ein wenig in Deiner Nähe bleiben zu können, wenn Du glaubst, daß es Dich danach verlangt, mich hin und wieder zu besuchen, und daß meine Teilnahme an Deiner Trauer Dir meine Bemühung etwas erträglicher erscheinen läßt, Dich am Leben, an den verschiedenen Formen des Geisteslebens und an Aktivität im allgemeinen wieder Geschmack finden zu lassen...

Übrigens habe ich mehrmals bei Deinen Kusinen[2] zu Abend gegessen, die sehr nett sind. Du aber bist der

1 Zu diesem Zeitpunkt sollte in Marcel Prousts Familie eine Hochzeit stattfinden.
2 Anna de Noailles und Hélène de Chimay.

einzige Mensch, den ich augenblicklich wirklich sehen möchte. So wie ich Dich liebe, umarme ich Dich von ganzem Herzen.

Marcel Proust.[1]

In einem dritten Brief werden der Reiseplan und die Zeiteinteilung während des langen Aufenthaltes, den Marcel Proust in Rumänien zu nehmen gedenkt, genauer festgelegt:

Mein lieber guter Antoine,
Du bist so ›gescheit‹ (wie Du sagen würdest), daß Dein Brief bereits Punkt für Punkt die Antwort auf den meinen enthält – den Du noch gar nicht hattest. Fabelhaft! Verzeih mir, wenn ich Dich mit meinen Vorschlägen langweile, doch hier kommt noch wieder einer. Du schreibst mir, daß Du nicht nach Ägypten gehst. Nun aber ist gerade, wie ich Dir schrieb, die Hochzeit meines Bruders um einen Monat vorverlegt worden und wird am 2. Februar stattfinden. Wenn es Dir also paßte, noch in Rumänien zu bleiben, und wenn nur die Einsamkeit Dich von dort verjagt, so könnte ich (nach ein paar Tagen Bettruhe, denn sicherlich strengt diese Hochzeit mich an) gegen den 10. Februar nach diesem Strehaja abreisen, das Du als so unwirtlich schilderst, dessen dem Freund vertrauter Mangel an Komfort mich aber sicher entzücken wird, dort, nachdem ich zweimal unterwegs ausgeruht habe, gegen den 14. Februar ankommen und bis April bei Dir bleiben, ganz diskret und

1 Zitiert nach Marcel Proust, Briefe 2. Briefe zum Leben. Herausgegeben und übersetzt von Uwe Daube, Suhrkamp Verlag 1969.

ohne Dich in Deiner Freiheit zu beschränken, aber doch ›stets zur Hand‹, wenn Du Lust hast, zu plaudern und einen ›representative man‹ für alle die Leute zu sehen, die Du kennst, jemanden, dessen Anblick Dich an das Vorhandensein von B. . . erinnert und mit dem Du von H. . . sprechen kannst. Diese bescheidene, aber nette Rolle würde mir unendlich gut liegen, ich würde mir genügend Arbeit mitbringen, damit ich Dir keineswegs ›zur Last falle‹ und in den glücklichen Augenblicken, in denen ich Dich sehe, mich umso unbefangener aussprechen kann. Wir würden das Musterdasein der fleißigen Familie führen, von der Xenophon spricht, oder eines wie Diderot und seine Freunde im Grandval. Ich hatte es Dir in meinem letzten Brief nicht vorgeschlagen, obwohl ich schon wußte, daß die Hochzeit früher stattfinden würde, weil ich glaubte, Du würdest nach Ägypten gehen. Da Du das aber nicht tust, würde Dir vielleicht mein Anerbieten passen. Vielleicht aber sähest Du in diesem Fall lieber, wenn ich nach Ägypten käme. Das aber ist immerhin eine große Sache. Indessen würde ich es tun, wenn Du es wolltest. Zuvor aber müßte ich mich in Strehaja ausruhen, und ich fürchte auch, ich würde auf einer so anstrengenden Reise ein sehr unbequemer Gefährte sein. Auf jeden Fall würde ich zehn Tage Strehaja brauchen, um wieder zu Kräften zu kommen. Wenn Du aber vorziehst, daß ich die Monate Februar (vom 15. an) und März anstatt in Strehaja an einem anderen Ort mit Dir verbringe, zum Beispiel in Ragusa, falls Du gern dort bist, ist es mir natürlich von vornherein recht, denn auch Strehaja ist für mich ja nur der Ort, an dem Du bist und für den ich natürlich nicht an sich eine Vorliebe habe. . .[1]

1 Brief CXIX an Antoine Bibesco.

In einem erneuten Schreiben besteht Marcel Proust darauf, daß seine beiden Freunde Antoine und Bertrand sich in Konstantinopel treffen, noch bevor er selbst sich nach Corcova begeben könnte:

... Aber ich weiß nicht recht, ob ich mich an einen Ort begeben sollte, an dem Bertrand ist und an dem Du wärest, denn mit wie großem Bedauern würde ich ihn oder Dich dort ein paar Tage verfehlen, nur um nicht ein wenig durch den Gedanken beunruhigt zu sein, Du oder er (denn er wird ebenso glücklich sein wie Du) könnte sich möglicherweise Stunden entgehen lassen, die so fruchtbar für Eure Freundschaft sein würden, da gerade die Neuheit der Umgebung sie gleichsam verjüngen und die Entfernung von den anderen Wesen, die Ihr liebt, ihr eine Art von besonders köstlicher Konzentration schenken müßte.

Ich hoffe, in gutgelaunter Liebenswürdigkeit und freundlich insistierend sagst Du nun: Ich gehe nicht nach Konstantinopel, wenn Du nicht gehst; denn ich würde vor Kummer sterben (übertrieben, aber etwas Wahres ist daran). Fahre Du nach Konstantinopel, ich aber sage Dir nochmals, daß ich, wenn es nur ist, um Dich dort fünf Tage und dann nicht mehr zu sehen, Dich lieber in Paris erwarte, Dich dort etwas länger sehe und dann (nach Konstantinopel oder anderswohin, lieber anderswohin) reise, nachdem ich ausgiebig mit Dir zusammen gewesen bin. Es sei denn (wie ich Dir schon sagte), Du bleibst fürs erste eine ganze Weile in Rumänien – dann könnte ich Dich dort sehen wie in Paris, drei Wochen zum Beispiel, und dann könnten wir von dort aus nach Konstantinopel fahren. Ich möchte vor allem, daß Du das tust, was Du tun würdest, wenn ich nicht da wäre – (eine bloße Hypothese, aber wieviel ruhiger und glücklicher würdest Du dann sein; warum auch mußtest Du mich kennen lernen?) –, und bei Deiner Rückkehr würde ich Dich dann sehen, wenn es Dich nicht stört. Es würde nicht allzuviel werden, weil ich ja soviel arbeite und soviel schlafe usw. usw. . . (Es geht mir im Augenblick eher schlecht), aber doch ein Weilchen an all den Tagen, an denen Du frei bist, jedoch nicht mehr mit der tyrannischen Besessenheit wie früher.[1]

. . .

In diesem Fall werde ich mein Leid, meine Sehnsucht nach Antoine geduldig ertragen und am 1. März der schmerzlichen Freude harren, Dich wiederzusehen. Wenn ich von hier aus die Möglichkeit sähe, über zehn Tage verfügen zu können, würde ich acht davon (plus Hin- und Rückreise) in der Nähe von Corcova, wahrscheinlich in Strehaja verbringen.[2]

So saß ich also in meinem Cormanic, ohne es zu wissen, im Schnittpunkt jener imaginären Linie, an der die altehrwürdigen Stationen Bibesco, Corcova, Strehaja lagen, jener ›unaufhörlich wieder begangenen und benutzten Straße der Erinnerungen‹[3], deren Marcel Proust sich bediente, um zu seinen Freunden zu gelangen.

Schließlich kam es so, daß er niemals anders als in der Phantasie nach Rumänien reiste. Antoine hatte ihm offenbar klargemacht, was dieser Flecken Strehaja war, den sich Marcel Proust naiverweise nach dem Muster

1 Brief CXII an Antoine Bibesco.
2 Brief CXIII an Antoine Bibesco.
3 Le temps retrouvé.

kleiner französischer Landstädte vorgestellt hatte, mit einem netten Hotel und ausgezeichneter Küche. In Corcova aber hätte dieser arme Freund der Blumen, der sie ja gleichwohl nicht ertragen konnte, sich mitten zwischen zahllosen blühenden Obstgärten befunden: ›März, April, Mai, Juni (wenn es Dir recht ist, und wenn es keine Blumen gibt). . .‹

Da denke ich an alle die, die schon im Vorfrühling im Unterholz von Corcova blühen, an jene Erstlinge, die mir alljährlich – in gepreßter Form – Emmanuel in seine Briefe einlegte, um mir anzuzeigen, daß der Frühling da sei, hübsche Exemplare von Scilla, Veilchen, Schneeglöckchen, Leberblümchen, wilden Hyazinthen, die lange vor ihren Schwestern in meiner kalten Region zum Vorschein gekommen waren. Als er erfuhr, daß alle diese für sein Asthma so grausam unzuträglichen Blumen dort dann am Blühen waren, dichtete Marcel Proust eine ›Ballade von der enttäuschten Freundschaft‹:

Für ein Album der Melancholie.
Neue Lieder aus Mazedonien.

Lise dit au vieux moine:
– J'aime bien Antoine, j'aime bien Antoine,
Lise dit aux vieux moine,
Ses poiriers sont en fleurs.

Lise est tout en pleurs
– J'aime bien Antoine, j'aime bien Antoine,
Lise est tout en pleurs
A cause du vieux moine.

Prends, dit-elle, je meurs!
– J'aime bien Antoine, j'aime bien Antoine,
Tous mes bijoux, vieux moine,
Rubis et calcédoine,
Diamants tout en pleurs
Et saphirs tout en fleurs

Prends ta faulx de sardoine,
– J'aime bien Antoine, j'aime bien Antoine,
Et va faner là-bas, dans la rosée en pleurs,
Le clair de lune exquis des jacinthes en fleurs.
Prends, dit-elle, et j'en meurs.
– J'aime bien Antoine, j'aime bien Antoine.

Il sera roi de Macédoine
Et chassera jésuite et moine,
Et la carmélite en pleurs,
Et soigne en attendant ses beaux poiriers en fleurs.

Die Blumenspiele Marcel Prousts verteilen sich auf drei große dichterische Themen, die man in seinem Werk wiederfinden wird: das Weißdornthema, das der blühenden Birnbäume und das der Apfelblüte. Wenn der Weißdorn zum Zyklus der Kindheit in Combray und die Apfelbäume zu dem der normannischen Landschaft gehören, so ist die Schönheit der blühenden Birnbäume, wie mir aus seinen Briefen klargeworden ist, dem Kreis der Phantasien um Corcova zuzuordnen. Ihre bitteren Sterne mit ihrer so einzigartigen Weiße werden einmal Zeugen des Bruches zwischen Saint-Loup und Rachel sein. Sie werden eine enge Verbindung mit dem Tod einer Liebe eingehen und dadurch von einer vagen Trauer gesättigt erscheinen, wie sie den Leichenzug der

Menschen umwebt, die im Frühling sterben und begraben werden.

Der orientalische Ritus, demzufolge der Gedenktag für die Toten in dieser Jahreszeit begangen wird, versetzt die natürliche tiefe Niedergeschlagenheit der Kreatur angesichts ihres Endes mit noch etwas anderem, und das ist wohl die Vorstellung, die sie sich von dem neuen Erwachen der Erde macht. Die ›Ballade für ein Album der Melancholie‹ fällt mir noch einmal ein, ich sehe die weißen Birnbäume vor mir, wenn ich in ›Le Temps retrouvé‹ den Passus über den Krieg und die Nacht lese, der mit ihrem unerwarteten Blütenblätterfall am Boulevard Haussmann endet:

Und sogar noch andere Naturelemente, die bis dahin in Paris nicht existierten, nährten die Vorstellung, man sei eben aus dem Zuge gestiegen und komme, um dort die Ferien zu verbringen, auf dem platten Lande an: zum Beispiel der Kontrast von Licht und Schatten, den man neben sich an hellen Mondscheinabenden auf dem Boden sah. Er brachte Effekte hervor, die es in Städten sonst gar nicht gibt, und das im tiefen Winter! Seine Strahlen ergossen sich über den – von keinem Schaufler mehr weggeschafften – Schnee des Boulevard Haussmann, wie sie es auf einem Alpengletscher getan hätten. Die Silhouetten der Bäume zeichneten sich klar und rein auf dieser goldblauen Schneefläche mit einer Zartheit ab, die wir sonst in gewissen japanischen Malereien oder auf Bildhintergründen Raffaels finden; sie streckten sich am Boden zu Füßen des Baumes selber aus, wie man es oft in freier Natur sieht, wenn das Abendrot die Wiesen, auf denen sich in unregelmäßigen Intervallen Bäume erheben, überflutet und zum Irisieren bringt.

Durch ein besonders köstliches und delikates Raffinement aber war die Wiese, auf der diese Baumschatten, die so schwebend und leicht wie irrende Seelen erschienen, eine Paradieseswiese, nicht grün, sondern wegen des Mondscheins, der über den jadefarbenen Schnee hinglitt, von strahlender Weiße, so daß man hätte meinen können, sie sei einzig und allein aus vollentfalteten Birnbaumblüten gemacht.[1]

Daß Marcel Proust plötzlich unter die Füße seines nächtlichen Wanderers diese ›weißen Tuffs aus duftenden Sternen‹ breitete, wird weniger überraschend erscheinen, wenn man den Brief liest, in dem, wie man sieht, der Name Corcova, die Ideenassoziationen und Gefühlsresonanzen, die er weckte, Marcel Proust im Dezember 1916 durch die Nachricht von der Besetzung Rumäniens auf rauhe Weise ins Gedächtnis gerufen wurden. Die Region von Strehaja, der Distrikt Mehedintzi fallen damals mit als erste dem Feind in die Hände. Schwere Soldatenstiefel stampfen über den Boden der Obstgärten, die Marcel Proust in der Phantasie so häufig aufgesucht hat:

So teure Namen wie der von Corcova waren mir ebenso vertraut und lieb wie der von Senlis und tausendmal lieber als der von Bonnelles (schreibt er im Januar 1917 an Antoine), und ich habe schon immer davor gezittert, in einem Heeresbericht auf ihn zu stoßen und mir einen Vorwurf daraus gemacht, andere so wenig zu kennen, die Du sicher liebst und die Dir vielleicht durch eigene Erinnerungen, durch solche von Emmanuel oder der Prinzessin Bibesco, heilig sind . . .

1 ›Die wiedergefundene Zeit‹, S. 79.

Wie gegenwärtig seid Ihr alle mir in diesem Augenblick.

. . .

Ich habe weder an Emmanuel noch an Dich geschrieben, weil ich so kranke Augen hatte. Im übrigen wärest auch Du nicht auf den Gedanken gekommen, mir im Augenblick des Vormarsches auf Paris zu schreiben, und das ist ja dasselbe. Lieber Antoine, Du wirst mir die Gerechtigkeit widerfahren lassen, daß der schlichteste Herzenstakt mich dazu nötigte; ich habe Dich niemals wie die Leute, die sicher glauben, das sei so, als ob man nach Trouville geht, gefragt: ›Nun, und wann marschiert ihr?‹ Ich habe Dir immer gesagt, wie gut ich die Enthaltung vom Krieg verstehe und daß sie mir, zumal nach den Ereignissen in Rußland, als das einzig mögliche erscheint. Seitdem ich Dich nicht mehr gesehen habe, hatte ich oft Gelegenheit, darüber zu sprechen, und ich glaube, daß Dir alles, was ich gesagt habe, vernünftig erschienen wäre und nicht nur von der Furcht diktiert, daß etwas gefährdet werden könnte, was Dir kostbar ist; was damals liebevoll gedacht war, ist immer noch egoistisch, beruht aber doch auf objektiveren Gründen, die hier auseinanderzusetzen zu langwierig und zu schwierig wäre.

Lieber Antoine, ich habe Dich immer als den gescheitesten aller Franzosen betrachtet. Ich bitte Dich, mich jetzt ein wenig als Rumänen anzusehen, und zwar nicht gerade als einen der dümmsten, nicht wahr?

Ganz der Deine – *Marcel Proust.*[1]

Dies war nicht das erste Mal, daß der Freund meiner Vettern um ihre ferne Heimaterde zitterte. Unter Vornahme einer jener jähen Umkehrungen in der Zeit, jenes Rück-

1 Brief CLVIII an Antoine Bibesco.

wärtsschreiten in ihr, an das die Lektüre von Marcel Proust uns gewöhnt hat, überspringe ich eine Spanne von neun Jahren und finde die ›teuren Namen, die mir ebenso vertraut und lieb sind wie Senlis‹, in einem Brief wieder, der Marcel Proust durch sein Erschrecken vor den Bauernaufständen, dem Aufflammen einer ›Jacquerie‹, eingegeben worden war, über die die Zeitungen im März 1917 aus Rumänien berichteten. Die Einäscherung und der Verlust des ersten Corcova war die Folge dieser Ereignisse.

Der Brief ist an Emmanuel gerichtet, der zu jener Zeit dauernd auf dem Lande lebte, während Antoine im Verlauf seiner diplomatischen Karriere, die er ebenso wie sein Freund Fénelon eingeschlagen hatte, im Ausland war.

Lieber Freund,
ich weiß, daß die Pariser im allgemeinen nichts von den Untaten der Apachen oder den Scharlachfällen wissen, die, aus der Entfernung gesehen, bei den Ausländern den Eindruck erwecken, daß Paris unbewohnbar sei. Daher hoffe ich – selbst angenommen, daß es in Rumänien wirklich zu Ansätzen von Streiks gekommen ist (eine Nachricht, die die Zeitungen übrigens abwechselnd dementieren und bestätigen), was aber sicher weniger bedeutsam ist als der Bäckerstreik, von dem wir in der Zeitung lesen und an den wir nicht denken – daß Sie weniger davon bemerkt haben als die Zeitungsleser. Ich habe übrigens auch gesehen, daß die betroffenen Distrikte mit Strehaja, Corcova und Mehedintzi nichts zu tun haben. Trotz allem, lieber Freund, würde ein Wort von Ihnen, mit dem Sie mir sagen, daß Ihre Ferien dadurch nicht beeinträchtigt worden sind, mir große Freude machen, denn Sie wissen, daß Sie einen sehr beständigen Platz am Horizont meiner Gedanken einnehmen, eine Stelle, auf der jederzeit meine

liebevollsten Blicke ruhen, und ich würde mir gar nicht gern vorstellen, daß Ihr Land von einer Revolution heimgesucht wird, denn in diesem Fall wünschte ich mir, daß Sie diesen gefährlichen Boden verlassen und für immer in unser Land kommen, der freilich erst recht ein solcher ist. Wir leben dann eben alle im Hotel ...[1]

...

Auf diese Weise ist das Nachleben auf Erden, jenes offen eingestandene oder geheime, aber stets beharrlich ins Auge gefaßte Ziel menschlichen Strebens dem zweimal – einmal durch den Aufstand, einmal durch den Krieg – zerstörten Haus Corcova dank den einsamen Träumereien eines Mannes gewiß, der es immer nur in Gedanken bewohnt hat. Victor-Hugo-Leser wissen, daß der Name Corcova schon vorher unvergänglich geworden war, da er in der ›Légende des Siècles‹ vorkommt[2], aber Strehaja und die Obstgärten von Mehedintzi werden einmal allein Marcel Proust verdanken, daß sie der Vergangenheit entrissen und dem Gedächtnis aller jener eingeprägt bleiben, die sich in seine Korrespondenz vertiefen; die schönen Birnbäume werden, selbst wenn sie inzwischen schon abgestorben sind, immer wieder voll erblühen und nicht aufhören, am Boulevard Haussmann in einer Kriegs- und Vollmondnacht dem Engel der Erinnerung einen paradiesischen Blütenteppich unter die Füße zu breiten.

Gehen wir also zurück und wieder vorwärts, vorwärts und wieder zurück, ›hink und honk, und honk und hank‹

1 Brief XXXIV an Emmanuel Bibesco.
2 Sait-on ce que là-bas le vieux mont Corcova
Regarde par-dessus l'épaule des collines?
(Victor Hugo: Le petit roi de Galice.)

wie das schnurrende Perpendikel in der Erzählung von E. T. A. Hoffmann. Man weiß ja, daß für Marcel Proust eine nicht zustandegekommene Reise wie seine erste nach Venedig und die, die er nach Florenz machen sollte, an spiritualer Wirklichkeit und Fülle inneren Erlebens jene anderen übertraf, die tatsächlich zustandegekommen sind. Als seine machtvolle Gabe zu träumen beim Klang des Namens meines Tals in Bewegung geriet, als er jenes kleine Gedicht erdachte, das dazu bestimmt war, ›auf das fabulöse Comarnic hinzuführen und es einzufügen‹, mit dessen Namen er von Emmanuel an jenem Abend ›eingelullt‹ worden war, hatte er das Gefühl gehabt, beim Summen der Eisenbahnschienen auf der ›Straße der Erinnerung‹ dahinzugleiten, und da diese magische Beschwörung so gut gelungen war, wurde ich für ihn, als er mir schrieb, mehr noch als die unbekannte Frau mit dem Blick eines jungen Mädchens, die er in der Salle Pleyel und in der Oper gesehen hatte, die Bewohnerin jener verzauberten Landschaft, in der er mit seiner ›faulx des sardoine‹ in dem Tau, der wie Tränen war, die ›köstliche mondfarbene Weiße der blühenden Hyazinthen‹ einsammeln wollte.

Von dieser Vorstellung beherrscht, hatte er mir jenen seltsamen, sonderbar vertrauten Brief geschrieben und (›Ich spreche zu einem Philosophen‹) den Rat zu geben gewagt – den er für sich selbst befolgte –, man solle alles in sich verbrennen, was nicht man selber sei:

Meine treu bewahrenden Hände würden nicht leer von Blumen sein, um den Jahrestag der Reise, die ich nicht gemacht hatte, gebührend zu feiern.[1]

1 Chroniques, ›Vacances de Pâques‹.

Dieser aufschlußreiche Brief belehrte mich darüber, daß er schrieb, was ich noch nicht wußte, und daß er in den Seelen las, was mich erschreckte. Ein Satz vor allem verursachte mir ein gewisses Unbehagen, ganz als ob, nachdem mein Geheimnis mir einmal entrissen war, ich es nicht mehr zu meinem Schutz würde verwenden können: ›diese kindliche Heiterkeit, die sicher allein imstande war, Ihnen das stete Gewicht Ihres Denkens tragen zu helfen . . .‹

In dieser Form umschrieb Marcel Proust den Instinkt, der mich bewog, zum Ball zu gehen, mich dort im Tanze zu drehen und ihn zu fliehen, eine ganze Nacht hindurch den Tanz dem Gespräch mit ihm vorzuziehen. Vielleicht hatte er vergessen, was er mir geschrieben hatte, und mein Verhalten hatte ihn ohne diese Erklärung so sehr verletzt, daß ich mir seine Sympathie verscherzt hatte bis zu dem Tage, an dem das Unglück sie mir ohne Einschränkung wieder schenkte. Ich hatte mir diesen Zeugen, der mich befangen machte, nicht gewünscht, nicht diesen Eindringling, der mir inmitten des Festes ins Bewußtsein rief, daß ich alledem erst einmal sterben müsse, da meines ein anderes Leben war.

Dank der strikten Disziplin, die ich beobachtete, war es mir gelungen, während meiner immer längeren und häufigeren Aufenthalte in Pars mein gesellschaftliches Dasein und jenes andere getrennt nebeneinander zu führen. Es war ein Doppelleben wie das des Herzogs von Portland. Durch Vermeiden jeder Anspielung auf das, was ich geschrieben hatte oder zu schreiben gedachte, hatte ich es fertig gebracht, daß Unsicherheit, dann Vergessen bei einer Gesellschaft sich ausbreitete, die sich nichts Besseres wünschte, als ihr durch Verwandtschaftsverhältnisse und Adressen hinlänglich in Übung gehaltenes Gedächtnis nicht noch mit anderem zu belasten. Dank meinem natürlichen Hang zu schönen Kleidern wurden meine oberflächlichen Neigungen in einer Welt, in der man weiß, wieviel Zeit man aufwenden muß, um gut gekleidet zu sein, nicht in Zweifel gezogen. Ich hatte mich von dem Erfolg meiner Taktik an einem Abend überzeugen können, an dem einer meiner Tänzer zu mir sagte:

– Meine Mutter behauptet steif und fest, sie habe von Madame de Fitz-James gehört, daß Sie Romane schreiben. Aber ich kann das von einer Frau nicht glauben, die so angezogen ist wie Sie!

Ein andermal hatte ich das heikle Vergnügen, von einer verwitweten alten Dame aus unseren Kreisen ins Vertrauen gezogen zu werden, die es nicht leiden konnte, wenn junge Frauen der Gesellschaft oder gar aus ihrer Familie sich mit Schreiben abgaben. Sie führte auf die Literatur einen nicht weit zurückliegenden Skandal zurück, der keinerlei Beziehung zu den schönen Künsten hatte, da das Ergebnis ein Kind und nicht ein Buch gewesen war. Diese Dame sagte zu mir:

– Wenn mir heutzutage jemand eine junge Frau vorstellen will, frage ich als erstes: »Kann sie lesen und schreiben?« Und wenn diese Frage bejaht wird, will ich sie gar nicht erst kennenlernen.

Es lag auf der Hand, daß mein Spiel nicht lange andauern konnte, aber da ich vom Leben nichts anderes verlangte, als es kennenzulernen, konnte ich im Grunde nicht viel dabei verlieren. Die Schranken, die ich zwischen meiner gesellschaftlichen Persönlichkeit und der anderen aufgerichtet hatte, hielten immerhin lange genug stand, um mir die meinem Alter gemäßen Vergnügungen zu ermöglichen. Jeden Vormittag arbeitete ich auf der Bibliothèque Nationale die Übersetzung des ›Buches der Könige‹ von Firdusi und des ›Iskander Nameh‹ durch, das heißt ich fällte einen Wald, um daraus ein kleines Kästchen zu machen: meinen ›Alexander den Großen‹, den ich aus Persien mitgebracht hatte, dessen Schlußredaktion ich jedoch in Paris vornahm. In der Hitze des Gefechts vergaß ich Zeit und Stunde, so daß ich oft in der Kantine der Rue de Richelieu zu Mittag aß, um meinen Helden nicht zu lange zu verlassen. Waren die großen Bände, dank denen ich ihn noch einmal zum Leben erweckte, erst einmal wieder eingestellt, war es nicht so leicht, sie nochmals anzufordern. Ich saß am gleichen Tisch mit alten Priestern und jungen Studenten, deren übermüdete Augen nur auf ihrem Teller oder ihrer Zeitung ruhten, und begab mich ganz wie die anderen auch nach beendeter Mahlzeit wieder an meine Arbeit. Am Abend des gleichen Tages dinierte ich dann in der ›monde-monde‹, der ›Welt im engeren Sinne‹, ich ging zum Ball und in die Oper, wo die Frauen gewöhnt sind, angestarrt zu werden. Keiner von denen, die mich am Abend sahen, ahnte, worauf ich den Morgen verwendet hatte. Es genügte mir, meiner großen Liebe so zugetan zu sein, daß ich nicht von ihr sprach. Ich hatte schon bald begriffen, daß in dem Milieu, dem ich angehörte, meine Schreibtätigkeit, so wie ich sie verstand, auf keine günstige Beurteilung rechnen konnte. Ganz im Gegensatz jedoch zu dem, was ihre Lästerer glauben möchten, fand ich, daß diese Welt, die sich ausschließlich dem Vergnügen widmete und dadurch auf diesem Gebiet eine gewisse Meisterschaft entwickelt hatte, gerade die Welt ist, in der man sich amüsiert, und hielt es zwischen meinem achtzehnten und einundzwanzigsten Jahr für unerläßlich, sie aufzusuchen und mich in ihr noch ein wenig zu vergnügen. Jene ›kindliche Heiterkeit‹, deren Geheimnis Marcel Proust aufgedeckt hatte, verhalf mir als einziges dazu, die Anspannung zu ertragen, die sich aus meinem Doppelleben ergab.

Als ich gerade im Begriff stand, mein zweites Buch zu veröffentlichen, fragte mich einer meiner Onkel, was ich für eine solche Publikation eigentlich zahlen müsse. Als er erfuhr, daß mein Buch nicht im Selbstverlag erschien, sondern daß ich dafür ein Honorar bekäme, machte er seiner Empörung Luft. Vergebens versuchte ich ihm klar zu machen, daß ich, wenn ich von dem Verleger kein Geld annähme, den anderen Autoren das Geschäft verderben würde. Außerdem hätte ich ja damit auch meine einzige Chance verspielt, jemals die Wahrheit über das, was ich schrieb, zu erfahren, da ich in meiner Lage ein wenig dem Affen Consul zu gleichen meinte, der damals im ›Olympia‹ vorgeführt wurde und Applaus erntete, weil er im Frack zu Abend speiste und sich dabei einer Gabel bediente, was einem Menschen an seiner Stelle keinerlei Beifall eingetragen hätte; da ich eine Frau und Nichtfranzösin war, würde man mich im andern Fall wie diesen Affen mein Leben lang mit schmeichelhaften Lobsprüchen bedacht haben. Mein von Vorurteilen verblendeter Onkel jedoch lehnte eigensinnig jedes Verständnis dafür ab, daß ich, wenn ich einen Verleger, der die schriftlichen Erzeugnisse seiner Autoren verkaufte, dazu vermöchte, Geld für mein Werk zu riskieren, das einzige Kompliment erhielte, auf das es mir wirklich ankam.

Ich wußte noch so wenig von literarischen Dingen, daß ich mit der Kritik gar nicht gerechnet hatte. Sie trat mir zunächst in einer fast familiären, großartigen und erschreckenden Form entgegen, die mit einem Schlag mein ganzes Schutzsystem zunichte machte: Robert de Montesquiou widmete mir die Spalte ›Premier-Paris‹ des ›Figaro‹[1].

Für jemanden, der die Kurve der Gefühle Marcel Prousts und der meinen verfolgen möchte, wird es vielleicht nützlich sein, wenn ich hier einen Teil dieses Artikels zitiere, wofür ich mich an dieser Stelle zugleich entschuldige:

Das entblätterte Buch.[2]

Es geschah im Verlauf eines Empfangs . . . in der japanischen Botschaft . . . Zwischen Möbeln von zerbrechlicher Zartheit, in dieser spielerischen, bezaubernden Umgebung begegnete ich einer jungen Frau, die mir

1 Graf Robert de Montesquiou-Fezensac erwies uns die Freundlichkeit, sich für verwandt mit uns zu erklären, da seine leiblichen Vettern auch die unseren seien.

2 Dieser Artikel ist in dem ›Têtes d'Expression‹ betitelten Buch von Robert de Montesquiou mit folgender Notiz versehen abgedruckt:
»Etwa zwanzig Essais. Der erste, der den bezaubernden Seiten der Prinzessin Bibesco über Persien gewidmet ist, trägt die Überschrift ›Das entblätterte Buch‹, weil er die Vorstellung wecken soll, daß man dieses Werk entblättern könne wie eine Blume und durchblättern wie ein Buch. Seitdem sind die bislang nicht veröffentlichten Gedichte von Jean Moréas erschienen. Die reizvollsten darunter scheinen mir durch die ›Huit Paradis‹ und ihre Verfasserin inspiriert zu sein, nämlich ›Les Roses‹ mit jenen drei schönen Strophen, die jene krönen, so wie die meinen im gleichen Versmaß verfaßten bestimmt sind, die, die sie eingesammelt hat, zu bekränzen. ›Oui, n'est-ce pas que la sévère architecture de la Rose commande la discipline?‹ ruft der Dichter der ›Stances‹ aus – ein schöner Ausspruch, der bei Barrès gewiß Bewunderung finden wird, und ein Lob, voller Noblesse für den, der es ausspricht, wie für die, der es gilt.«

durch die Erlesenheit ihres Auftretens, die vornehme Besonderheit ihres Stils und den überragenden Zauber ihrer anmutigen Erscheinung dieses ungewöhnlichen Rahmens in besonderem Maße würdig erschien. Sie trug eine Robe aus rosa Atlas, von dem Farbton einer Rose, deren Namen sie allein uns sagen könnte, denn sicherlich kennt sie ihn. Über die vielen weichfließenden Falten dieses Gewebes hin, das mit dem Blut einer Blüte gefärbt zu sein schien, strömten, liefen, rollten, überstürzten sich schwere Smaragdcabochons, die die Glut dieses Rosendickichts mit dem frischen Grün von Blättern übersprühten.

Ich habe gerade ein sehr hübsches Buch gelesen. Man wird sich bereits denken, daß es von einer Frau geschrieben ist. Nicht daß alle Frauen hübsche Bücher schreiben, aber alle schreiben in einer Weise, derzufolge eine gewisse Begriffsverwirrung sie zu bedrohen scheint, und zwar aus einem Grund, den ich enthüllen werde, und der ein ›Distinguo‹ für sie zweifellos notwendiger macht.

Was die Schriftsteller angeht, so gibt es eben tatsächlich gute und schlechte; jedermann weiß es, und sogar, glaube ich, sie selbst.

Bei den Autorinnen aber verhält sich das anders, seitdem sie einmal angefangen haben, ›mit Tinte zu sticken‹ – wie eine irgendwann ausgegebene Parole lautet, die mir strafwürdig erscheint, auf alle Fälle aber unfair denen gegenüber, die ihre Meisterschaft bewiesen haben. Wo bleibt die Galanterie, wenn sie sich eifrig bemüht, Philaminthe lächerlich zu machen, indem sie ihr erlaubt, sich mit Madame Valmore zu vergleichen?

Diese Galanterie scheint mir wenig wohlgesinnt, um

nicht vielmehr zu sagen rachsüchtig im höchsten Maße. Es folgt daraus, daß die ›armen, irregeleiteten, beinahe rührenden Wesen‹, wie Banville über Bélise schreibt, sich auch weiterhin auf ihren hölzernen Pegasus mit der Mähne aus Werg, den Augen aus Glas und den Flügeln aus Pappe schwingen und Hohngelächter ernten, wo sie mit Sicherheit Beifall und hymnisches Lob gewärtigten.

Die Reisende (denn es handelt sich um eine Reisebeschreibung) hat Ispahan und Konstantinopel aufgesucht. Unterwegs hat sie andere Städte berührt, die sie uns, wie ich glaube, vollkommen echt, und wie ich weiß, aufs allerschönste beschreibt.

Diese persischen Städte bestehen, wie sie selber uns sagt, aus Gärten, die ineinander übergehen und deren Lebenskraft und Anmut sich darin erweist, daß in ihnen immer eine Blüte auf die andere folgt in einer stets richtig gestaffelten und abgestuften Folge, die das Ergebnis aus Weisheit und Wissen ist.

...

Die persönlichen Überlegungen der Erzählerin genügen, um eine solche Lektüre anziehend zu machen, wie jeder sich selbst überzeugen sollte. Ich muß mich hier beschränken, aber eine kleine Auswahl wird ja auch genügen, damit diejenigen sich ein Urteil bilden, die sich durch falsche Markenbezeichnungen ungern täuschen lassen.

...

Um zu zeigen, wie eine Dame von Welt zu schreiben versteht, die sich über die Welt nicht lustig macht, zitiere ich noch den folgenden Satz über Konstantinopel, von dem man – wie mir ohne Übertreibung festzustehen scheint – behaupten kann, daß Flaubert ihm seine Anerkennung nicht versagt haben würde: ›Die Metropolen mit den großen Flüssen, deren Majestät ich immer liebte, verlieren an Glanz in meiner Erinnerung, wenn ich diese hier vor mir sehe, in die zwei Meere eingedrungen sind, sie, die wie eine Arena mit gewaltigen Stufen, wie ein antiker Circus ist, in dem die Wogen, die Asiens Küste umspülen, sich mit den Brandungswellen des Marmarameeres treffen und beide gleich Reiterheeren mit silbermähnigen Rossen und Schlachtreihen von im Lichte funkelndem stählernem Azurglanz aufeinanderprallen.‹

. . .

Und dieser schöne fünfte Teil schließt mit einem Satz, der, auf Persien bezogen, vollkommen zusammenfaßt, was mein Titel ›Parcours du rêve au souvenir‹ hat besagen wollen: ›Heute abend hat das Land wieder ganz die Gestalt unserer Wünsche erreicht.‹

Und dann dieser ergreifende und packende Ausspruch am Schluß: ›Gestern noch sagte ich mir: so viele Tage trennen meine Jugend von dem Untergang, daß ich meinen Wunsch, nicht zu sterben, bis aufs letzte daran wenden will, sie zu erleben.‹

. . .

Aber nun habe ich mich so sehr damit befaßt, von diesem köstlichen kleinen Werk zu sprechen, daß ich jener Person bei Musset zu gleichen meine, die zu ihrem Gesprächspartner von einem Buch spricht und sagt: ›Ich weiß nicht, wie es hieß und auch nicht, von wem es war – haben Sie es gelesen?‹ Und ich zweifle nicht, daß man gleich jenem gewitzten Zuhörer mit ›Ja‹ antworten wird. Ich verzichte jedoch deshalb nicht auf das Vergnügen, hier ausdrücklich niederzuschreiben, daß die Verfasserin Prinzessin Bibesco heißt und daß ihr Buch ›Les huit Paradis‹ betitelt ist.

Aber vielleicht wird wie die Kinder, die es nicht mögen, wenn sie in den schönen Geschichten, die man ihnen erzählt, nicht von allem auch das Ende erfahren, der Leser mich fragen: ›Und was ist aus der wundervollen Dame ganz zu Anfang geworden, dieser poetischen Erscheinung in der japanischen Botschaft?‹

Und weil ich ein wahrheitliebender Berichterstatter bin und sowohl für den Leser wie für meine Erzählung und für mich mir einen schönen Schlußeffekt wünsche, möchte ich hinzufügen, daß beide eine und dieselbe Person sind: die Verfasserin des ›Entblätterten Buches‹ und die Dame in dem Blütenblätterkleid.

Und um es ihr selbst zu beweisen, beende ich diese Zeilen, die ihr Geist mir eingegeben hat, mit den folgenden Vierzeilern, deren Inspiration ich ihrer schönen Toilette verdanke:

Vous portiez, sur la robe en satin d'un vieux rose,
Des émeraudes dont Shakespeare a dit l'attrait,
Et c'était beau de voir sur vous, étrange chose!
Ces gouttes d'océan, d'espoir et de forêt.

A ce spectacle, un peu s'apaisait la souffrance,
Et l'on sentait rouler, sur l'antique chagrin,
Ces gouttes de forêt, de mer et d'espérance,
Que vous aviez pour nous fait jaillir de l'écrin.

Continuez, Madame, à répandre en la fête
Où nous allons puiser notre plaisir amer,
Et quel que soit le ton, sombre ou clair, qui vous vête,
Ces gouttes de forêt, d'espérance et de mer.[1]

1 Le Livre effeuillé, in ›Têtes d'Expression‹, p. 19-35.

Dieselbe Person trug nun also das Kleid, die Edelsteine und das Buch. Damit war es zu Ende mit meiner armseligen List, meinem wohlaufgebauten Schutzwall, mit dem Doppelleben, das ich bislang führte. Man kann von andern besiegt werden, verraten wird man immer nur von seinen eigenen Leuten. Robert de Montesquiou, selbst zwischen zwei Existenzen, der des Weltmanns und des Geistesarbeiters aufgeteilt, hatte gleichsam mit dem Finger auf mich gewiesen. ›Nous n'irons plus au bois, les lauriers sont coupés.‹ Ich hatte mir eigentlich gewünscht, mich erst später mit diesen Lorbeeren zu schmücken, die den Toten zustehen. Von nun an würde ich die ablehnenden Blicke der alten Dame ertragen müssen, der man keine jungen Frauen vorstellen durfte, die ›lesen und schreiben‹ konnten; ich mußte eingeschüchterte Tänzer anhören, die so tun wollten, als hätten sie ›mich gelesen‹ und sich mit der Zahl der Paradiese verhedderten. ›Sie haben ja da so etwas Fabelhaftes geschrieben, die sieben Paradiese, oder sind es sechs oder neun . . .‹ Wie vom Pech verfolgte Spieler drehten sie niemals die Acht um, die einzige richtige Karte. Man hätte Statistiken aufstellen müssen, um die wirklich recht hohe Zahl von liebenswürdigen alten Herren, meinen gelegentlichen Tischnachbarn, zu ermitteln, die sich nicht neben mir niederlassen konnten, ohne höflich zu murmeln: ›Da sitze ich ja neben dem neunten Paradies.‹ Mein Leben in Paris war vollkommen anders geworden.

In seinem ›Hommage à Marcel Proust‹ gibt Paul Valéry eine genaue Definition dieser Börse der notierten Werte, die man als ›monde‹ kennt:

Das, was sich selbst als ›die große Welt‹ bezeichnet, besteht einzig aus symbolischen Figuren. Niemand spielt dort eine Rolle, es sei denn auf Grund irgendeiner Abstraktion. Alle Mächte müssen sich dort begegnen. Das *Geld* muß mit der *Schönheit* plaudern, die *Politik* sich mit der *Eleganz* befreunden; *Literatur* und *Geburt* finden zueinander und reichen sich gegenseitig den Tee. Sobald eine neue Macht sich abzuzeichnen beginnt, dauert es nicht mehr lange, bis ihre Vertreter bei den Zusammenkünften der ›großen Welt‹ erscheinen, und der bewegte Lauf der Geschichte läßt sich mit einiger Deutlichkeit aus dem Sichablösen der sozialen Gattungen in den Salons, bei den Jagden, bei Trauungen und Beisetzungen des herrschenden Stammes in einer Nation ablesen. Dadurch, daß allen diesen Abstraktionen, von denen ich sprach, als Träger Individuen dienen, die sind, was sie sind, ergeben sich Widersprüche und Komplikationen, die man nur auf diesem in sich begrenzten Theater beobachten kann. Wie eine Banknote andrerseits nur ein Stück Papier ist, so setzt sich auch eine der ›Welt‹ angehörende Person aus einer Art von Umlaufswert und einer lebendigen Substanz zusammen.

Diese Kombination ist für die Zwecke eines scharfblickenden Romanschriftstellers hervorragend geeignet.

Lange bevor ich diese Zeilen gelesen hatte, war ich mir der mißlichen Seiten meiner Persönlichkeit bewußt geworden und hatte nach einem Gegenmittel gesucht. Dem ›herrschenden Stamm‹ anzugehören und sich nicht damit zu begnügen, innerhalb von diesem mit seinem anerkannten Umlaufswert zu figurieren, mit neuen Mächten paktierend aufzutreten, die jeder in Zweifel ziehen kann, die Menschen dazu zu zwingen, daß sie mehr als eine Sorte Wechselgeld auf dem Markt bei sich führen müssen – das alles ist Betrug und heißt die Götter versuchen. Wer aber war, um die Gesellschaft auf eine so unverzeihliche Häufung von Delikten aufmerksam zu machen, geeigneter als Robert de Montesquiou?

Dieser Hochmütige, der sein ganzes Leben lang zwischen dem Jockey Club, dem er von Geburt angehörte, und der Gesellschaft der Literaturbeflissenen, in die er nie richtig Eingang fand, hin und her pendelte, war ein großer Verdammter von jener Art, über die der Dichter sagt: ›La lettre sociale écrite avec le feu.‹

Nachdem er mir derart in aller Öffentlichkeit Lob gespendet hatte, übernahm ich ein Erbe von ihm, ohne es zu wollen: er besaß eine außerordentlich große Zahl von Feindinnen, die er im übrigen nicht ohne sein Zutun erworben hatte, und zwar in Salons verschiedensten Ranges, die untereinander keine Verbindung hatten. Wenn er Herzoginnen bespöttelte, die mit ungenügend durchgefeilten Gelegenheitsgedichten hervorgetreten waren, griff er doch auch die untadeligsten Erzeugnisse einer Madame Bulteau an. Solange ich zurückgezogen in Comarnic lebte, befand ich mich in gefährlicher Unkenntnis solcher ›Widersprüche‹ oder ›Komplikationen‹. Während meiner Pariser Aufenthalte war ich einzig darauf bedacht, meine Existenz in zwei sehr ungleiche Hälften aufzuteilen: die eine, durch Bälle charakterisierte, die nur kurze Zeit währen konnte, und die andere, bessere, die niemand mir zu rauben imstande sein würde. Daß Montesquiou mich auserwählt hatte, um an mir sein Wohlwollen auszulassen, bedeutete für meine Planwirtschaft etwas wie eine Katastrophe. Als ich nach Paris zurückkehrte, versuchte ich, so gut es ging, die in Trümmer gesunkenen Schutzwände meiner Abgeschlossenheit wieder aufzubauen. Ich tat mein Möglichstes, um aus dem Bewußtsein derer, mit denen ich tanzte, den grellen Mißklang der Idee zu verbannen, daß ich außerdem ›schrieb‹. Meine genau' dem mich umgebenden Milieu angepaßten Bemerkungen ließen keinen Unterschied zwischen meinem geistigen Habitus und dem der anderen jungen Frauen erkennen. Eine ganze Zeitlang brachte ich es fertig, meine leichtlebige Zweitnatur wieder neu zu erschaffen. Die rein gesellschaftliche Zusammensetzung der Salons, in denen ich mich bewegte, kam mir dabei zustatten. So lud zum Beispiel Madame de Fitz-James, die zum Déjeuner Schriftsteller und Literaten empfing, zu einem Ball, den sie für ihren Neffen, den Prince de Ligne, gab, nie eine Seele ein, die nicht jener Gesellschaft angehörte, deren einzige schriftstellerische Tätigkeit im Verfassen von Briefen bestand. Ich genoß das sehr. Eines Abends jedoch war ich besonders skrupellos und ließ mich verleiten, zu einem Ball des ›Intransigeant‹ zu gehen, bei dem die Trennung nach Gattungen nicht so genau beobachtet war. Dort tauchte plötzlich Marcel Proust vor mir auf und schob sich wie ein zunehmender Schatten zwischen mein leichtes Weltleben und mich selbst.

*

Ich stellte sein Erscheinen mit Unbehagen fest. Weshalb hatte er bei Betreten des Ballsaals den Mantel anbehalten? In dieser Bekleidung verbreitete er ein Gefühl von Kälte, so wie ein Zauberer einen Bann verhängt. Bei einem Fest kommen und gehen die Leute, alle sind in Bewegung, auch die, die nicht tanzen; die brutwarme, leichte Luft ist auf entblößte Schultern und Arme berechnet. Was aber suchte hier dieser seltsame Mensch, der innerlich vor Kälte zitterte? In seinem zu weiten Abendumhang wirkte er, als sei er mit seinem Sarg erschienen. Er selber täuschte sich übrigens über den Eindruck, den er hervorrief, nicht, wie ich seither erfahren habe. Um nicht fürchten zu müssen, ich übertriebe mir nachträglich die Wirkung seines Erscheinens, brauche ich nur noch einmal einen an Antoine gerichteten Brief nachzulesen, in dem er sich so schildert, wie er sich selbst an einem Tage, an dem er sich mit meinen Vettern und Nonelef bei Larue treffen wollte, im Spiegel sah:

Nur dürft ihr auf mein Gesicht nicht achten, denn ich sehe aus, als ob ich schon gestorben sei . . .[1]

Wie aber sollte auf einem Ball jemand, der so aussieht, nicht in die Augen fallen? Ich sah nur ihn. An der äußersten Gegenseite des Saales tanzend erspähte ich ihn zwischen den Paaren hindurch mit seinem blutleeren Gesicht und dem schwarzen Bart, mit dem er aussah wie ein armenischer Christus, der im Grabe liegt. Bertrand de Fénelon, der nur wenig tanzte, mischte sich gleichwohl ins Gewühl, da er es übernommen hatte, mich zu der einsamen Stelle zu geleiten, an der Marcel Proust die ganze Zeit auf mich wartete. Er wünschte mit mir zu sprechen, und ich schuldete ihm ja wirklich ein paar Minuten Aufmerksamkeit nach seinem Brief über die ›Huit Paradis‹. Doch gerade wegen dieses Briefes hielt ich mich von ihm fern. Seine Beharrlichkeit ver-

1 Brief LXXXI an Antoine Bibesco.

stimmte mich. Wollte er mir in Erinnerung rufen, wie es Montesquiou schon getan hatte, daß Er und Sie, der Autor des ›entblätterten Buches‹ und die Dame in dem Blütenkleid eine Einheit seien? Warum erlaubte er mir nicht, mich ein Weilchen zu vergnügen – gerade er, der mir doch geschrieben hatte:

. . . diese kindliche Heiterkeit, die sicher allein imstande war, Ihnen das stete Gewicht Ihres Denkens tragen zu helfen . . .?

Durch sein Erscheinen brach die Welt des bewußten Daseins in jene unbewußten Schwebens ein, die ein Ball doch nun einmal ist. Er sprach zu mir, doch der Lärm des Festes betäubte mich. Nur ungeduldig antwortete ich ihm. Ich war wie ein tanzender Derwisch, den man in seiner Drehbewegung aufhält, um ihn nach dem Wesen der Gottheit zu befragen. Er wollte von mir wissen, ob ich ein zweites Buch in Angriff genommen hätte. Ich sagte ihm, ich sei in der Tat mit einem über das Glück beschäftigt, einem Buch, dessen Held Alexander der Große sei. Er schien überaus erstaunt, daß ich Alexander als einen glücklichen Menschen hinstellen wollte, und fing an, mir des längeren etwas auseinanderzusetzen, was mir ein Hymnus auf das zu sein schien, was hätte sein können und nicht gewesen ist – soweit ich bei der Musik und dem sich summierenden Geräusch der tanzenden Füße überhaupt etwas zu verstehen imstande war. Er lege sein Geld stets schlecht an, sagte er mir: er wollte mir erklären, daß beim Spiel das Wichtigste das Verlieren sei . . . Aber ja doch! Auch ich war im Begriff, etwas zu verlieren, denn die Zeit rückte vor, während er mich festhielt und mit seinen großen traurigen Augen ansah:

Perpendikel mußte schnurren –
Leise schnurren –
Schlagen Glocken laut kling klang –
Hink und Honk, und Honk und Hank –
Schlagen Glöcklein, ist geschlagen,
Mäusekönig fortzujagen . . .

Weshalb hatte Marcel Proust mich auf diesem Ball im Reisemantel und mit hochgeschlagenem Kragen erwartet wie auf einem Bahnhof? Wollte er damit andeuten, daß schon die Stunde des Aufbruchs gekommen sei? ›Einen Augenblick noch, Monsieur le Bourreau, Herr Henker‹, hätte ich am liebsten zu ihm gesagt. Ich stand auf und gab Bertrand de Fénelon, der mich hierher begleitet hatte, einen Wink, daß er mich wieder unter die Tanzenden führen solle.

*

Meine Abreise, Trauerfälle, andere Abreisen brachten es mit sich, daß dieser Ball im Jahre 1912 für mich der letzte vor dem Krieg war, auf den wir uns ja alle wie ahnungslose Delinquenten zubewegten.

Ein Jahr danach bekam ich von Marcel Proust einen Brief als Dank für den ›Alexandre Asiatique‹[1], den ich ihm zugeschickt hatte. Ganz offenbar hatte er nichts von jenem Abend vergessen, an dem ich lieber tanzen als mit ihm Gespräche führen wollte, denn er griff seine Darlegungen über das Glück da wieder auf, wo er sie abgebrochen hatte:

1 ›Alexandre Asiatique ou l'Histoire du plus grand bonheur possible‹ war, in dunkelblaues Leder gebunden, bei Hachette erschienen.

Mittwoch.

Verehrte Prinzessin,

ich habe gerade mit viel Freude im Einband eines Formel-, Notiz-, Reise- oder Merkbuches (und ist es nicht im schönen, ursprünglichen Sinn dieser heruntergekommenen Wörter genau das, ja die »Agenda« schlechthin, da ja Ihre Worte in die »Tat umgesetzt« werden müssen) ein kleines Buch – ein großes Buch – erhalten, das sodann viel Bewunderung und Traurigkeit in mir ausgelöst hat. Die Freude aber war, es zu erhalten, und gerade zu einem Zeitpunkt, da es mir besonders willkommen war. Zwei Tage vorher hatte ich eine Einladung für die Abendgesellschaft des *Intransigeant* erhalten, wohin ich übrigens nicht gehen werde, aber sie findet genau dort, in denselben Räumen statt, in denen ich Sie im letzten Jahr so schön, so beredt, jedoch so feindselig sah, was ich nur den unvollkommenen Begleitumständen dieser Begegnung zuschreiben kann und auch der irrigen Interpretation, die Sie damals Dingen haben beimessen können, die Sie übrigens nicht betrafen, über die Sie aber dennoch urteilten, die Sie seitdem zu sehr vergessen haben, als daß ich von der unmöglichen Aufgabe versucht sein könnte, sie Ihnen ins Gedächtnis zu rufen. Ich hatte seitdem oft daran zurückgedacht, oft eingehüllt in jenen Schatten, der jetzt sogar auf Ihr *Paradies* fällt, und die Einladungskarte für den Gesellschaftsabend im Carlton hatte mir meinen Eindruck so genau wieder in Erinnerung gerufen, daß Ihr *Alexandre Asiatique* tatsächlich mit einem »Sonnenantlitz« erschienen ist. Das Buch selbst hat mir leider bewiesen, daß unsere Meinungsverschiedenheit tiefer ging und grundsätzliche Vorstellungen betraf. Nicht daß ich keine tiefe Bewunderung für diese Worte hätte, die wie Schmuckstücke mit einer Fassung aus Schweigen sind, für diese so kühne und so geschickt zurückhaltende Kunst, in der das, was Sie sagen, nur ein kleiner Teil dessen ist, was Sie gedacht haben, so daß ein Kommentator ein längeres Werk schreiben würde, wenn er ausspräche, was Sie verschwiegen (und dennoch definiert haben, wie bei einem Kreisumfang, dessen Durchmesser man ausgemessen hat, den zu zeichnen man aber verschmäht). Und dieses Unausgesprochene ist auch ein Piedestal und verweist auf die Höhe, wohin man sich begeben muß, um Sie zu lesen; außerdem ist es eine Annehmlichkeit und gewährt den Einklang zwischen Ihrer modernen oder zukünftigen Gedankenwelt mit uralten Bildern und läßt jene tiefsinnigen Sentenzen aufblühen, wie eine Wiese auf einem Wandteppich (des grünen, blühenden Teppichs unter der Armee von Keithoun, usw.) oder das Gezwitscher eines Vogels. Wenn es aber nicht der Sinn des Buches ist, dorthin zu führen, wo Sie enden (und weshalb sollte es eigentlich nicht sein Sinn sein?), so ist mir nichts fremder, als in der unmittelbaren Empfindung, geschweige denn in der materiellen Erfüllung die Gegenwart des Glücks zu suchen. Eine Empfindung, sei sie auch noch so selbstlos, ein Duft, ein Schimmer sind, solange sie gegenwärtig sind, noch zu sehr in meiner Gewalt, als daß ich durch sie glücklich zu sein vermöchte. Wenn sie mich an eine andere Empfindung erinnern, wenn ich sie zwischen Gegenwart und Vergangenheit auskoste (und nicht in der Vergangenheit, es ist unmöglich, das hier zu erklären), machen sie mich glücklich. Alexander hat recht zu sagen, daß aufhören zu hoffen der Verzweiflung gleichkommt. Wenn ich aber nicht aufhöre zu begehren, so hoffe ich doch niemals. Und vielleicht ist auch die große Enthaltsamkeit meines Lebens ohne Reisen, ohne Spaziergänge, ohne Gesellschaft, ohne Licht ein zufälliger Umstand, der die Fortdauer des Sehnens bei mir verbürgt. Und wenn man nicht mehr nur an sein eigenes Vergnügen denkt, stößt man sogar bis zur Erkenntnis der Gesetze vor, auf Grund deren uns entrissen wird, was man behalten zu können glaubte, sogar die Zuneigung der Menschen. Und der Nutzen von Gesetzen, kraft deren uns dagegen letztlich die Dinge zufallen, auf die wir niemals geglaubt hätten rechnen zu können – dieser Vorteil ist imstande, unsere Enttäuschung zu kompensieren, daß wir das nicht besitzen, was uns im Augenblick des Begehrens schön erschien. Ich gewahre gerade, daß ich, nachdem ich Ihnen gesagt habe, nie an mich selbst zu denken, nur von mir und von einer Freude spreche, wobei ich dennoch so stark an Sie denke. Ich bemerke aber auch, daß ich als Ihr Exeget veranlaßt werde, von mir zu sprechen. Denn würden die letzten Worte nicht ganz besonders zu denen Alexanders passen: Entschiedener hört man auf, das zu erhoffen, was man schon einmal besessen hat, als das, was man nicht besitzen wird. Gleicht nicht der Tod, den Sie preisen, dem Leben, das ich führe? Letzteres wird jedoch immer jene köstliche und wirklich vollkommene Anmut Ihrer Äußerungen vermissen lassen, wenn Sie beispielsweise sagen, daß »die Geschichte seines Lebens mit den Worten eines Vogels ausklingt«. Das ist einfach vollendet, höchste Kunst, welche die überflüssigen Reichtümer verwirft, und die noch in dieser letzten Bedeutung auf Auslassung beruht. Immer werde ich in meiner Nähe das blaue (bei elektrischer Beleuchtung erscheint es in dieser Farbe) Merkbuch verwahren, worin sich alles Erinnerungswerte befindet, das Rezeptbuch, in dem ich vielleicht Heilmittel, auf jeden Fall aber Gifte entdecken werde. Und ich werde mich bemühen, Alexander und die Prinzessin Bibesco besser zu verstehen, die mir in mancher Hinsicht noch unverständlich sind.

Empfangen Sie, verehrte Prinzessin, den Ausdruck meiner Bewunderung und dankbaren Verehrung.

Marcel Proust[1]

*

Der Teil von mir, der ihm entging, war der, den ich dem bewegten Treiben, der harmlosen Lust widmete. Während er in sich die Lust am Entsagen pflegte, verlor ich meine Illusionen auf andere Art. Mein Held gewann alle Schlachten, nahm alle Städte ein, erreichte alles und starb mit zweiunddreißig Jahren, aller Hoffnungen bar. Nur braucht man eine glänzende Gesundheit für ein solches Dasein. Marcel Proust gestand mir, er habe gleichsam immer ›Schlagdame‹ – à qui-perd-gagne – gespielt, das heißt so gelebt, als ob Verlieren Gewinn bedeutete, im Gegensatz zu Alexander, der zwar immer gewann und am Ende dennoch verloren habe. Dieser Brief hat mir das Proustsche Rätsel lange vor den Enthüllungen der ›Wiedergefundenen Zeit‹ gelöst; er wies dem Glück seinen Platz zwischen Gegenwart und Vergangenheit, nicht in der Gegenwart zu; er begründete bereits jene Zwischensphäre, jenen neuen Gefühlsraum, in dem Marcel Proust gelebt und alle seine Freuden genossen hat. Das war seine Erfindung, die dem horazi-

1 Zitiert nach *Marcel Proust,* Briefe 2. Briefe zum Leben. Herausgegeben und übersetzt von Uwe Daube. Suhrkamp Verlag 1969.

schen ›Carpe diem‹ so völlig widerspricht. Er hat nicht die Stunde genossen, aber gerade dadurch die beseligenden Bezirke erreicht, in denen er das ›immerwährende Verlangen‹ lebendig erhalten konnte. Was kann es Mystischeres – ich möchte fast sagen, Christlicheres – geben als dieses Sichabseitshalten angesichts der realen Gegenwart des Glücks? Denen aber, die sich darüber verwundern, daß Marcel Proust mir sein tiefes Geheimnis in einem Brief preisgegeben hat, der scheinbar nur dazu bestimmt war, mir seinen Dank für die Zusendung eines Buches zu übermitteln, denen auch, die erstaunt sein könnten, daß er mich für diesen Vertrauensausbruch wählte, mich, die ich ihm aus dem Wege gegangen war, die er nur zweimal und noch dazu in einem Abstand von drei Jahren gesehen hatte, will ich gestehen, wie groß auch meine Verwunderung war, doch Überlegung muß uns demütig machen, uns alle, denen Proust so schöne Briefe geschrieben hat. Sein nie versiegendes Schöpfertum erfüllte sich an uns, die wir nichts davon wußten: er redete mit sich selbst. Ich nenne als Beispiel nur zwei an jemanden, den er gar nicht kannte[1], gerichtete sogenannte Höflichkeitsbriefe, aus denen ich zu gegebener Zeit Stellen zitieren werde, in denen von der großen Freundschaft die Rede ist und das mit heiliger Scheu behandelte Thema von Bertrand de Fénelons Tod berührt wird, um eine ganze Politik des Herzens daran zu erläutern. Tatsächlich hörte er nie auf, Marcel Proust zu werden. Er nur wußte, daß er es war. Da nun der Zeitpunkt, zu dem diese Kenntnis aus seinem Bewußtsein in das der Allgemeinheit übergehen sollte, noch nicht gekommen war, mußte seine jeweilige Hand-

1 Sir Philip Sassoon.

lungsweise ungewöhnlich erscheinen. Ein Dankschreiben war für ihn das, was der Schalter für den elektrischen Strom ist: die unbekannte Kraft wurde zu wahrnehmbarem Licht. Er offenbarte sich uns fast unwillkürlich, ganz gleich, was der Schalter für ihn war. Beim Lesen seines aus Anlaß meines ›Alexander‹ an mich adressierten Manifests über das Glück wurde mir bewußt, daß ich den Freund meiner Vettern durch das, was er meine Feindseligkeit nannte, so tief verletzt hatte, daß er sich noch nach einem Jahr daran erinnerte. Offenbar liebte ich ihn nicht genug, und er hatte es gemerkt. Wer im übrigen hat ihn jemals genug geliebt, so, wie er geliebt sein wollte? Weder Gilberte noch Albertine, noch Saint-Loup (dessen Name zum ersten Mal im Rahmen eines Ausflugs mit meinen Vettern auftaucht), noch Madame de Guermantes, noch Bertrand, noch Antoine, noch Emmanuel, noch ich. Auf dem Höhepunkt der großen Freundschaft beklagte er sich über Fénelon bei Antoine und vermutlich auch über Antoine bei Fénelon. Er ist der ›mal aimé‹, der zu wenig Geliebte. Es gibt zahlreiche Briefe, in denen er sich bei Antoine über Antoine beklagt. Ich führe hier den folgenden an, aus dem man ersehen wird, was er von einer Freundschaft erwartete und sicherlich niemals empfangen hat, und wie heftig seine Enttäuschung sich dann äußern konnte. Aber verdanken wir nicht, da seinem eigenen Eingeständnis nach sogar Enttäuschung und Verzicht Kraftquellen seines Werkes waren, dieses letzten Endes den Freundschaften, die ihm nicht genügten?

Ich wollte Dir nur sagen, daß Deine neue (im übrigen sehr natürliche) Haltung mir gegenüber, Geheimniskrämerei – oder vielmehr Fehlen aller Aufgeschlossenheit, allen Fragens, jeden Einsseins mit einem Wort – bei mir auf ein Wesen gestoßen ist, das ich vor der Bekanntschaft mit Dir nicht war, das Du erst so gemacht hast und das die Gewohnheit angenommen hatte, nicht mehr ganz für sich allein zu leben, vielmehr den Horizont seines Daseins bis an die Grenzen eines anderen Wesens auszudehnen und infolgedessen alles, was sein Leben Tag für Tag an Strahlendem und Trübem heraufführen mochte, wie es gerade kam, samt allen Bildern, die es aufgefangen und widergespiegelt, sowie den Geheimnissen, die man ihm zugespielt hatte, in diese nicht genau zu umreißende Erweiterung seines Ich zu ergießen. – Nun aber habe ich jetzt, da ich mein zweites Ich (das heißt Dich) zufolge Deiner neuen Haltung mir gegenüber verliere, die neue Form, die Du dem ersten gegeben hast, nicht wieder ändern können.[1]

Während einer ihrer langen Abwesenheiten schreibt er die folgende Parallele zwischen Nonelef und Antoine nieder, die ausschließlich dem Ocsebib zum Ruhm gereicht:

Donnerstag.

(Ich habe heute morgen Deinen vom Sonntag datierten Brief erhalten; wieviel Zeit das alles braucht!)

Mein lieber guter Antoine,
das ›Dank für Deine guten Briefe‹, das so freundlich, großherzig und sogar verschwenderisch in einer Depesche war, in der man jedes Wort mit soundsoviel Sous bezahlen muß, gilt sehr viel mehr für die Deinen, die

1 Brief LII an Antoine Bibesco.

eine ungemein große Freude für mich sind. Es ist merkwürdig, welche ganz verschiedene Gabe Dir und Bertrand (ich sage das nicht mit Bezug auf Briefe, denn Bertrand hat mir seit langem nicht geschrieben) zuteil geworden ist: ihm die, Mißtrauen zu wecken, Dir jene andere, es zu zerstreuen. Auf diese Weise könnt Ihr beide Euch Feinde machen. Deine aber werden immer Menschen sein, die Dich noch nicht kennen und deshalb, wenn Du es wünschest, auch Freunde werden können, wohingegen bei ihm es sich immer so verhalten wird, daß seine Feinde ehemalige Freunde sind. Was ich da von ihm sage, sage ich auch ihm selbst, und dadurch wird diese etwas vulgäre, hinterhältige, gewöhnliche Sprache hier legitim und annehmbar, da sie der Wahrheit entspricht. Das hindert mich nicht, Bertrand mit großer Wärme zu lieben, und im Grunde ist ja nichts ungerechter als jenes liebevolle Verhalten, das sich für günstig voreingenommen hält, weil es blind ist, da man in diesem Fall die Augen vor den möglichen Fehlern des Freundes aus Furcht, ihn weniger zu lieben, verschließt, denn gleichzeitig hindert man sich selber daran, seine Vorzüge zu erkennen. Ich hatte kürzlich einen Beweis dafür durch M., den ich umso weniger schätzte, je mehr ich ihn liebte – immer überzeugt, daß meine Zuneigung im Grunde Nachsicht sei. Ich bin mir klar darüber, daß er weit über dem stand, was meine bewußt voreingenommene und dadurch abschätzig urteilende Freundschaft hinter ihm vermutete. Durch eine klarblickende, strenge, gerechte Freundschaft könnte er nur gewinnen . . .[1]

Er ist eifersüchtig auf Antoines Freundschaft mit

1 Brief LXII an Antoine Bibesco.

Bertrand, obwohl er sie teilt und weiterhin begünstigt. Bald bringt er die beiden bei Larue oder bei Weber zusammen, da er ihre Gesellschaft nicht entbehren kann, bald trennt er sie und spielt sie in seinen Briefen gegeneinander aus:

Versuche, falls Du zu Larue kommst, gegen elf Uhr da zu sein, denn sie machen dort einen solchen Durchzug, daß wir vielleicht mit Dir anderswohin gehen, aber natürlich auf Dich warten, solange Du noch nicht erschienen bist. Bleibe nur eine Minute, wenn Du willst, aber laß es – ich bitte Dich inständig – das letzte Mal sein, daß Du zu mir sagst: ›Ich bleibe nur eine Minute, Du kannst ganz beruhigt sein.‹ Diese Art von Ironie vertragen meine übermäßig angespannten Nerven nicht mehr. Ich hebe Deinen Brief auf und werde ihn vor Deinen Augen mit einem Brief von Nonelef vergleichen und Dir aus diesem Anlaß eine ganze Menge Dinge sagen, die Du vielleicht nicht sehr nett finden wirst, obwohl sie es im höchsten Maße sind, und nicht gerecht, wiewohl die

Falls Chartres für Dich nicht absolut unmöglich ist, so versuche für diese zwei Tage es dennoch möglich zu machen, ich würde darüber sehr glücklich sein.[1]

Ein Traum hindert ihn, das Haus zu verlassen, ein Schatten genügt, um ihn unglücklich zu machen. Er

1 Brief CX an Antoine Bibesco.

wollte einen Sommerabend mit seinen Freunden in Versailles verbringen, aber eben das vereitelte jener Traum:

Es ist möglich, wenn auch wenig wahrscheinlich, daß ich auf eigene Hand nach Versailles fahre.

Auf alle Fälle aber kümmert Euch nicht um mich, denn ich weiß nicht, wann ich hin oder wieder zurückfahre, und das wäre für Euch eine dumme Komplikation, ganz abgesehen von der Verdrießlichkeit. Im übrigen hatte ich einen Traum, der mich in einen so gräßlichen Zustand versetzt hat, daß ich nicht weiß, ob ich fahren kann oder nicht.

Bedauere mich wegen dieses Traumes, der mich sehr umgeworfen hat ... Vielleicht wird Dein Mitgefühl oder das Nonelefs (aber er weiß nichts davon, weil ich keine Gelegenheit hatte, es ihm zu schreiben) selbst auf eine so große Entfernung hin ›tomber comme une larme à la place précise où le cœur mal fermé l'attendait pour guérir‹ – ein Vers, den ich seit einiger Zeit bis zum Überdruß zitiere.[1]

Von dem, was er andern so freigebig spendet, will er selbst nichts wissen. Er wüßte sich lieber geliebt, was schwieriger ist, als bewundert zu werden. Zeugnis davon legt ein Brief an Emmanuel ab, der mit der folgenden rührenden Bitte schließt:

Machen Sie mir keine Komplimente. Ich hege große Zuneigung für Sie und nur sehr geringe für mich selbst. Daher bereiten Sie mir auch mehr Vergnügen mit einer

1 Brief LXIII an Antoine Bibesco.

Bemerkung wie: ›Sie sind in der Hausse‹, als wenn Sie mir Dinge sagen, die sich nur an meine Eigenliebe wenden würden, wenn ich so etwas überhaupt kennte.[1]

In einem Brief an Antoine stoße ich auf einen Vorwurf, der allen dreien gilt:

Wann werde ich endlich jemanden finden, der sich mir gegenüber so verhält, wie ich mich stets meinen Freunden gegenüber verhalte, bis sie mich dadurch enttäuschen, daß eine zu geringe Gegenseitigkeit dieses Verhaltens besteht, jemanden, mit dem ich ein rundum vollkommenes Abkommen, einen unverbrüchlichen, wechselseitigen, schönen Pakt schließen kann . . .[2]

Ein andermal enthält ein Brief an Emmanuel am Schluß einen Satz, aus dem die Traurigkeit eines Kindes, das heißt die traurigste von allen, spricht:

In der Nacht von Dienstag auf Mittwoch.

Mein lieber Emmanuel,
ich habe Ihnen wichtige Dinge zu sagen. Leider werde ich, da ich heute abend ausgegangen bin (gerade infolge dieses Ausgangs aber habe ich Ihnen Wichtiges zu sagen), morgen, Mittwoch (das heißt heute, wenn Sie diesen Brief erhalten), mich mitten in einem Anfall befinden und niemand empfangen können. Rufen Sie doch aber bitte auf alle Fälle gegen halb zehn Uhr abends bei mir an. Wenn ich zu sprechen imstande bin,

1 Brief XXXIV an Emmanuel Bibesco.
2 Brief CXXI an Antoine Bibesco.

kann ich Sie vielleicht bitten, zu mir zu kommen. Sollte das Telefon beim Portier sein, so sagen Sie ihm, er solle hinaufgehen und mir sagen, Sie seien am Apparat, falls ich nicht gerade schlafe oder ›rauche‹[1]. In jedem Fall läßt sich die Sache jedoch, falls Sie morgen abend vergeben sind, auch noch ein paar Tage aufschieben. Ich brauche Ihnen nicht zu sagen, daß ich, wenn ich von wichtigen Dingen spreche, damit solche meine, die *Sie* betreffen; ich weiß leider nur zu gut, daß die, die *mich* betreffen, nicht mehr wichtig sind, seitdem ich meine Eltern verloren habe . . .[2]

Die Dinge, die ihn betrafen, sollten freilich bald für jenen kleinen Teil der Menschheit, der sich mit der Kenntnis des anderen und seiner selbst beschäftigt, äußerst wichtig werden. Ich gelange mit meiner Lektüre zum Jahr 1913.

Der dem Datum nach dritte der Briefe, die Marcel Proust an mich geschrieben hat, bezieht sich nicht mehr auf ein Buch von mir, sondern auf eines von ihm; es ist der kürzeste.

Er war die Antwort auf den Brief, den ich ihm gleich nach der Lektüre von ›Du côté de chez Swann‹ geschrieben hatte. Kaum war der Band erschienen, so beeilte sich auch schon Emmanuel, ihn mir nach Comarnic zu schicken. Er wußte, daß ich, als ich im ›Figaro‹ einen Artikel entdeckt hatte, der den Titel ›Rayons de Soleil sur le balcon‹, ›Sonnenstrahlen auf dem Balkon‹ (es waren dies die ersten gedruckten Zeilen von Marcel Proust, die mir jemals vor Augen gekommen waren), trug, sehr

1 Mit ›Rauchen‹ bezeichnete er die Inhalationen, die er zwecks Bekämpfung seines Asthmas unternahm.
2 Brief XXXIX an Emmanuel Bibesco.

stark beeindruckt davon gewesen war. Ich hatte ihm damals meine Bewunderung für die kaum erst erahnte Gestalt Gilbertes ausgesprochen. Als Emmanuel mir das Buch übersandte, wußte er, welches Vergnügen er mir damit machen würde. In meinem ersten Entzükkensrausch schrieb ich an Marcel Proust und teilte ihm mit, daß ich es durch Emmanuel erhalten hätte – in dem guten Glauben, er werde diesen Beweis für unsere dreifaltige Freundschaft sicher zu schätzen wissen; sein Brief offenbarte mir, daß er eher bestürzt war; da er mir das Buch selbst zugeschickt hatte, meinte er da einen Vorwurf herauszulesen, wo ich nur meine Dankbarkeit und Zuneigung hatte ausdrücken wollen:

Verehrte Prinzessin,
Ihr Brief trifft wie ein Dolchstoß mein Herz, das sich gleichwohl nicht schuldig weiß. Sie waren eine der ersten zwei oder drei Personen, denen ich ›Swann‹ zugeschickt habe. Ich hatte den Band in den Faubourg Saint-Honoré dirigiert, das heißt an die Adresse, die im ›Tout-Paris‹ angegeben war. Ich glaube sogar, ich hätte es Ihnen auf Grund der Bewunderung, die ich für Sie hege, auch dann geschickt, wenn ich Sie gar nicht persönlich kennte – etwas, was ich nie oder doch fast nie tue. Wie aber hätte ich, da ich das Glück genieße, Sie, abgesehen von meiner Bewunderung, auch noch zu kennen – Sie selbst wie auch Ihr wohlwollendes Urteil wenn nicht über mich, so doch über das, was ich schreibe –, und Sie selbst mir zwei so wundervolle Bücher geschickt haben, dem Verlangen widerstehen können, Ihnen ›Swann‹ zuzusenden? Ich schicke Ihnen nun ein weiteres Exemplar, sobald Sie wieder hier sind, wäre aber doch glücklich, wenn jenes erste sich als Beweis dafür wiederfände, daß ich die Wahrheit sage.

Ich danke Ihnen, hochverehrte Prinzessin, daß Sie mein Buch Ihrer unvergleichlichen Blicke gewürdigt haben und bin mit dem Ausdruck meiner Bewunderung und Verehrung Ihr ganz ergebener

Marcel Proust.

Der Wahrheitsbeweis wurde tatsächlich erbracht. Als ich sechs Monate später wieder am Faubourg Saint-Honoré eintraf, fand ich dort zwischen Prospekten und Drucksachen, die man mir nachzuschicken nicht für nötig gehalten hatte, das bei Grasset erschienene Exemplar von ›Swann‹ mit der Widmung des Autors vor. Die abgestempelten Briefmarken trugen ein Datum, das mir in der Hierarchie der Freundschaft einen so hohen Platz zuwies, wie ich ihn gar nicht verdiente.

Ich aber war nun doch glücklich, Marcel Proust einen Brief geschickt zu haben, der kein Dankschreiben war, da ich ja damals noch nichts von seiner Sendung wußte. Ich war, als ich ihm schrieb, einzig und allein der Stimme meines Herzens gefolgt. Ich liebte Swann, wie man sein eigenes Leben liebt, oder vielmehr wie ein zweites Leben, das einem darüber hinaus noch geschenkt wird, das zu dem unseren hinzutritt und es unendlich vervielfacht dank jenem vollkommenen Einssein, jenem so seltenen und nur einem Wunder vergleichbaren Seelenvorgang, der zuweilen der Kunst gelingt, der Liebe hingegen fast nie.

Bevor ich in die dunkle Krypta eintrete, die sich mit dem Jahr 1914 für uns alle aufgetan hat, bevor ich dem ersten der vier Freunde, der seinen Weg durch den niederen Durchgang nahm, die gleiche Hand reiche, die er einst ergriffen hatte, um mit mir zu tanzen, muß ich in den Reigen noch die einführen, die nicht nur mein Double, sondern der lichtere Schatten meiner selbst war: meine Schwester Marguerite. Es war gerade das Jahr, in dem sie in die Reihen der Siebzehnjährigen aufgerückt war. Sie hatte damals ihre Schulzeit in einem belgischen Kloster abgeschlossen, aus dem ich sie alljährlich für die Weihnachts- und Osterferien abholte, die sie mit uns am Faubourg Saint-Honoré verbrachte. Mit dem bezaubernden Klang ihres Lachens erfüllte sie das ganze Haus. Von ihrer Heiterkeit wurde auch ich angesteckt. Mit fünfzehn Jahren hatte sie die Aufmerksamkeit von Bertrand de Fénelon auf sich gezogen, der mich bei seinem letzten Urlaub im April 1914 bat, sie wiedersehen zu dürfen. Zu dritt besuchten wir das Musée Cernuschi, wo Bertrand Marguerite die chinesische Malerei erklärte, die etwas ganz Neues für sie war. Hinterher tranken wir in der Rue Daru, von einer seiner Verwandten chaperoniert, in Fénelons kleiner Wohnung Tee. Ein junges Mädchen kreuzte so noch einmal Bertrands Weg, der ihn schon aus dem Leben hinausführte, und durch Marguerite vollendete sich jene geheimnisvolle Symmetrie, die mir, dem einzig überlebenden der Kinder meiner Mutter, die Aufgabe zuwies, in meinen verschiedenen Lebensaltern erst einem Bruder, dann einer Schwester, die beide im zarten Kindesalter starben, darauf meiner älteren und schließlich meiner jüngeren Schwester die Hand zu reichen, die alle nun im dunklen Reich des Todes weilen.

In diesem Frühjahr kehrte Emmanuel von einer Reise nach Japan zurück, schon von den ersten Schatten gestreift. Niemals schienen die Blüten mir so schnell zu vergehen wie in diesem stürmischen Monat Mai. August, September, Oktober, November 1914! Bertrand de Fénelon, der seinen Posten in Christiania[1] verlassen und den kürzeren Weg zum Heldentum gewählt hatte, wurde im Jahre 1 des Krieges als ›vermißt‹ gemeldet, wie man damals sagte. Seine verwaiste Brieftasche wurde gefunden; niemals aber hat man erfahren, wo die sterbliche Hülle unseres Freundes ruht.

Der Schmerz Marcel Prousts war grenzenlos. Das Echo davon gelangte, verstärkt durch den Kummer meiner beiden Vettern, zu mir. Zwischen London, wo der kranke Emmanuel mit seinem Bruder weilte, und Paris, wohin ich meinen Mann begleitet hatte, der mit einer Mission bei der französischen Regierung betraut war, gingen von tiefer Trauer getränkte Briefe hin und her. Meine Vettern besuchten mich für ein paar Tage im Hotel Meurice, wo wir Quartier genommen hatten, da unsere Wohnung im Faubourg Saint-Honoré infolge der Abwesenheit unserer inzwischen eingezogenen Dienstboten zu einer öden Gruft geworden war.

Mir wurde angekündigt, auch Marcel Proust würde uns einmal zum Abendessen besuchen, er erschien jedoch nicht. Ich erinnere mich nicht mehr, woran dies Zusammensein scheiterte, weiß aber noch, daß nur Emmanuel ihn während dieses Aufenthaltes sah, ganz als solle es so sein, daß nur er, der auch schon von seinem nahen Erlöschen gezeichnet war, mit Marcel noch von dem dahingegangenen Bertrand redete.

1 Als Diplomat wurde Graf Bertrand de Salignac-Fénelon von der Mobilmachungsorder nicht betroffen. Er meldete sich jedoch als Freiwilliger.

Der erste Brief, den ich von Proust nach dem 22. August 1917[1] erhalten habe, ist verloren gegangen. Er ging verloren infolge der damaligen Verlorenheit von Antoine, an den ich ihn sofort schickte, wobei mir, um seinen Schmerz zu lindern, nichts Besseres einfiel, als ihn auch noch durch den meinen und den seines Freundes zu verstärken. Aber mein Gedächtnis hat doch eine glanzvolle Stelle aus diesem Brief vollkommen deutlich aufbewahrt. Marcel Proust beschrieb darin – immer so, als ob er mit sich selber spräche – eine Szene aus ihrer gemeinsamen Jugendzeit. Es war noch zu Beginn ihrer großen Freundschaft. Nachdem sie sich spät zum Souper bei Larue getroffen und ihr Gespräch bis ins Unendliche fortgesetzt hatten, fanden sie für die Heimfahrt nur noch eine einzige Droschke, die letzte, die den Nachtschwärmern wohlbekannt war. Sie schwangen sich auf die Trittbretter, und es ergab sich ein Wettstreit zwischen Emmanuel und Marcel Proust, weil jeder dem anderen den Platz im Fond des Wagens überlassen und selbst auf dem gegenüberliegenden Bänkchen sitzen wollte. Marcel Proust obsiegte und mit ihm das Prinzip der ›Préséance‹. Da rief Emmanuel, der die Waffen strecken mußte, aus: »Kutscher! Fahren Sie rückwärts, damit Marcel Proust vorwärts fährt!«

Diese kleine Geschichte führte noch einmal etwas von dem wehmütigen, bezaubernden Reiz der vergangenen fröhlichen Zeiten herauf; das war noch ganz Emmanuel, wie er leibte und lebte, seine stets wache Bescheidenheit, das Hintansetzen seiner Person, seine Rücksichtnahme auf andere, sein heiterer Spott als Gegengewicht zu seiner zarten Verwundbarkeit. Es war auch ganz der

1 Todesdatum von Emmanuel Bibesco.

junge Marcel Proust, den ich nicht gekannt hatte, er, dem Ehrerbietung schmeichelte wie jeder ihrer selbst noch nicht ganz sicheren Macht, er, der mit einer Art von geistiger Genüßlichkeit bis in die liebevollste Kameradschaft hinein das Gefühl für jene gesellschaftlichen Nuancen auskostete, die ihren Reiz nur durch den Gegensatz erhalten und deren Vorhandensein manche Leute leugnen, ebenso wie diejenigen, die weder die Zunge dafür haben noch daran gewöhnt sind, das Bukett edler Weine nicht zu spüren behaupten. Der Schmerz, den er durch den Verlust Emmanuels erfahren hatte, trat zu dem um den verschwundenen Bertrand noch hinzu und vermehrte ihn.

Von diesem verlorengegangenen Brief, den ich durch einen Tränenschleier gelesen, dann an Antoine geschickt und niemals wiedergelesen habe, ist mir nichts als diese Wagenszene in Erinnerung geblieben. Ein zweiter Brief jedoch traf ein und erinnerte mich an das ganze Ausmaß des Schmerzes, der aus jenem ersten gesprochen hatte. Er war die Antwort auf einen von mir, in dem ich Marcel Proust bat, Antoine so oft wie möglich zu schreiben, um dem überlebenden Bruder in heilsamer Weise darzutun, daß er nicht der einzige sei, der litte; ich sagte ihm auch, ich hätte seinen Brief an Antoine geschickt, weil mir Emmanuel darin noch einmal so lebendig geworden sei. Als Antwort darauf schrieb mir Marcel Proust:

102, Boulevard Haussmann

Verehrte Prinzessin,
durch einen jener Zufälle, die man eigentlich bedauert, weil sie für die anderen so aussehen könnten, als ob sie kein Zufall seien, habe ich an Antoine ein paar Tage, bevor ich Ihren Brief erhielt, geschrieben. Da nun die

Zeit, die der meine vermutlich gebraucht hat, um nach London zu gelangen, sowie der Ihre aus Genf, um mich hier zu erreichen, nicht unbedingt festlegbar ist, wird es aussehen können, als ob ich erst *nach* Empfang Ihrer bewunderungswürdigen Zeilen geschrieben hätte. Auch wäre es ja in den Augen aller Welt nur sehr natürlich und freundlich, wenn Ihre zärtlichen Gefühle für die beiden Brüder mich gleichfalls erfaßt und mich eiligst bewogen hätten, dem unglücklichen Überlebenden über den so unerklärlich Verschwundenen zu schreiben. Nur hätte ich Ihren Brief dann erwähnen müssen (und werde es auch nun noch tun, sobald meine Augen wieder etwas besser sind). Statt dessen aber habe ich ihm geschrieben, als geschähe es ganz spontan, wie es ja auch der Fall war. Ich schrieb ihm vielleicht sogar weniger seinetwegen, da ich nicht einmal ganz sicher war, ihm damit wohlzutun, als um meinetwillen, denn ständig von diesem einen Gedanken heimgesucht, wußte ich niemanden sonst, der wie er – leider nur allzugut! – mich würde verstehen können. Da ich mich im Geiste unaufhörlich mit meinem Kummer beschäftigte, war es fast eine Erholung für mich, jemandem darüber zu schreiben. Das Gefühl, daß niemand außer einem Bruder, einer Mutter, einer Geliebten wirklich unter dem Verlust eines Menschen leidet, eine gewisse schamhafte Scheu, ein Unbehagen hinderte mich, in dieser Sache mich anderen mitzuteilen. Natürlich hätte ich Ihnen, verehrte Prinzessin, wenn meine Augen nicht so schlimm gewesen wären, schon gleich aus Anlaß von Emmanuels Tod geschrieben – denn man muß ja doch diese Worte gebrauchen, die so wehtun und denen so viele noch frische Erinnerungen entgegenstehen, die uns aus seinem Leben bleiben. Denn wenn ich von der

Gleichgültigkeit der ›Freunde‹ gesprochen habe, setzte ich stillschweigend voraus, daß gewisse Wesen exzeptioneller Art davon ausgenommen seien. Ich wußte, was Sie von Emmanuel hielten, und nicht ein einziges Mal (außer bei unserer letzten schweigenden, herzzerreißenden Begegnung) habe ich ihn oder Antoine gesehen, ohne daß beide zu mir von Ihnen mit liebevollster, ja fast leidenschaftlichster Bewunderung gesprochen hätten, und vielleicht das letzte Mal, als ich Antoine sah und zu ihm etwas von den allgemeinen Tendenzen seiner Familie sagte, wobei ich Madame de Noailles erwähnte, sagte er in vorwurfsvollem Ton zu mir: »Du vergißt Marthe Bibesco.« Ich antwortete ihm, ich vergäße Sie nicht und er kenne ja meine Gefühle für Sie, meinte aber ja doch, Sie gehörten nicht eigentlich zu seiner Familie oder nur insofern, als Sie einen seiner Vettern geheiratet hätten. Darauf belehrte er mich, daß Sie, wovon ich nichts wußte, eine gemeinsame Großmutter hätten (Mavrocordato, wenn ich mich nicht irre). Das trug sich vor ein paar Monaten zu. Im übrigen aber habe ich nach Antoines[1] Tod, besonders wegen meiner Augen, weder an Madame de Noailles noch an Constantin, noch an seine Mutter geschrieben. Die einzige ›von der Familie‹, der ich geschrieben habe, ist die Prinzessin Chimay, die ich leider seit vielen Jahren nicht mehr gesehen habe, aber unverändert liebe. Und da das, was sie in ihrer Antwort über Emmanuel schrieb, so rührend und so

1 In seinem vorangegangenen Brief war Marcel Proust mit mir der gleichen Meinung über das zwiefache Grauen jenes Todes gewesen, das auch den des überlebenden Bruders bedeutete, und ich habe niemals in Erfahrung gebracht, ob die Worte ›Antoines Tod‹ auf bloßes Verschreiben zurückzuführen oder ein heftiger Ausdruck seiner wahren Gedanken sind.

schön war, bin ich, wenn ich das bei aller Trauer sagen darf, sehr glücklich, daß ich für sie eine Ausnahme gemacht habe. Ich ahne nicht, ob Antoine erfahren hat, daß Emmanuels Tod und der Gedanke an die Einsamkeit Antoines für Sie ein Anlaß zu wahrer Verzweiflung gewesen sind. Es wird sehr grausam und sehr wohltuend für mich sein, mit Ihnen, Prinzessin, von Ihnen beiden zu sprechen. Wenn Sie nach Paris kommen, geben Sie mir doch bitte Nachricht, ich würde Ihnen sehr dankbar sein. Wegen meiner unvorhersehbaren Anfälle wäre es am einfachsten, wenn Sie erlaubten, daß ich an den Abenden, an denen ich mich in der Lage fühle aufzustehen, Sie anrufe und frage, ob Sie mit mir zu Abend zu essen geneigt sind. Ritz und Crillon, wo so viele Leute sind, daß man dort gut ganz für sich sein kann, sind für mich aus vielen Gründen bequemer als andere Restaurants. Ziehen Sie aber dennoch ein anderes vor, komme ich hin, wohin immer Sie wollen. Wenn Sie im übrigen keine Lust haben zu dinieren, paßt es mir nach dem Abendessen sogar beinahe noch besser. Ich habe kein Telefon, aber es ist eines so sehr in meiner Nähe, daß ich Sie sehr leicht anrufen lassen kann. Zudem werde ich, obwohl ich sonst darauf verzichte, irgend etwas außer im letzten Augenblick auszumachen, für Sie tun, was ich für sonst niemanden tue, nämlich Sie zwei Tage im voraus, zum Beispiel schon Montag, wissen lassen, ob ich am Mittwoch mit Ihnen zusammen zu Abend essen kann. Leben Sie wohl, Prinzessin, und haben Sie noch einmal Dank für Ihre schönen untröstlichen Zeilen, die ich wie eine Kostbarkeit aufbewahren werde, um meinen eigenen Kummer zu nähren und zu adeln.

Mit dem Ausdruck verehrungsvoller Ergebenheit

Marcel Proust.

Von diesem Zeitpunkt an und besonders durch Emmanuel bin ich dem Reich der Toten nahe geblieben. Entsprechend der besonderen Art, wie Marcel Proust eine Familie sieht, nämlich als etwas wie einen Korallenstock, ist ein Stück von mir gestorben, während von Emmanuels Leben noch etwas fortbesteht. Wenn der Erzähler mich erst von diesem Augenblick an in das Gefühl miteinbezogen hat, das eine Sippe in ihm weckte, so liegt der Fehler bei mir und bei meinen Vettern. Daß ich mich über meine Herkunft ausschwieg, war ein Teil meiner Tarnung. Ich wußte, daß Nichteingeweihte und diejenigen, denen das gleichzeitige Innehaben verschiedener Vorteile ein Dorn im Auge ist, sich dadurch schadlos hielten, daß sie mir eine aus dem Nichts aufgetauchte Familie andichteten. Die einen gaben mir, als ich achtzehn war, dreißig Jahre, weil ich ein Buch geschrieben hatte, das im übrigen nicht von mir stammen sollte; andere, die sich gemeinhin nicht mit ›solchen Dingen‹ beschäftigten, sagten mir eine bescheidene Herkunft nach. Eine Dame, die durch literarische Betätigung mehr als durch Adelsprädikate glänzte, behauptete allen Ernstes einem mir bekannten Schriftsteller[1] gegenüber, meine Eltern hätten ein Schuhgeschäft und sah daraufhin tief auf mich herab. Es verlockte mich nicht, sie in eine peinliche Situation zu bringen, ebensowenig wie diejenigen, die sich über mein Alter im Irrtum befanden. Nachdem Antoines Offenherzigkeit mich in der Vorstellungswelt Marcel Prousts an meinen richtigen Platz gestellt hatte, verspürte er ein verstärktes Verlangen, mich wiederzuse-

1 Lucien Fabvre, Dichter und Romanautor. Erhielt den Prix Goncourt.

hen, wie aus dem Schluß seines Briefes hervorgeht, in dem er sich so eifrig darauf bedacht zeigt, eine nächste Begegnung mit mir herbeizuführen. Der Tod wird dafür sorgen, daß es dazu kommt. Er ist es, der die großen Annäherungen zuwegebringt. Er wird uns vereinen, wie er es in der Kirche von La Chaise-Dieu tut, wo er sich zwischen zwei Lebende in der Weise schiebt, daß sie einander berühren. Kaum war Emmanuel dahingegangen und hatte dadurch seine letzte ›Konjunktion‹ zwischen Marcel Proust und mir geschaffen, als schon ein anderer Tod zur Stelle war: der meiner Schwester Marguerite[1].

Verehrte Prinzessin,
mein Gefühl für Sie gleicht – in dieser Hinsicht wenigstens – demjenigen, von dem Musset spricht, wenn er sagt: ›. . . quand par tant d'autres nœuds tu tiens à la douleur‹. Der, den Antoines Brief in mir erzeugt, kann naturgemäß nicht verdoppelt sein wie jener (noch unüberwundene und, wie ich hoffe, unüberwindliche), den ich beim Tode Emmanuels empfand. Denn damals litt ich nicht nur darunter, Antoine unglücklich zu wissen, sondern auch in dem unausweichlichen Gedanken, daß ich einen Menschen nie wiedersehen würde, der für mich zu meinen teuersten Gefährten auf Erden gezählt hatte. Diese eine Hälfte meines Leidens kann ich jetzt nicht oder doch nur undeutlich verspüren, da ich Mademoiselle Lahovary nicht gekannt habe. Das aber gerade macht mir meinen anderen Schmerz umso grausamer fühlbar, den, der Ihnen gilt, denn ich weiß, daß die

1 Sie starb am 4. April 1918 in Montreux und ist auf dem Friedhof von Clarens begraben.

Tatsache, diejenige, deren Verlust Sie betrauern, nicht gekannt zu haben, mich von Ihnen entfernt, da Sie sich bestimmt, wie es in einem solchen Fall immer ist, einem alten Diener, der sie gekannt, einem Gärtner, der mit ihr gesprochen, einer Schneiderin, die ein Kleid für sie gemacht hat, näher fühlen werden als mir. Von jetzt an werden alle Menschen und Dinge, in denen Sie nicht etwas von ihr wiederfinden, das schlechthin Fremde für Sie sein. Und dennoch bin ich es am Ende nicht ganz und gar, da mein tastend suchendes und leidenschaftlich bemühtes Denken ganz darauf ausgerichtet ist, das Bild derjenigen heraufzubeschwören, die Sie nicht mehr wiedersehen werden. Ein gemeinsamer Schmerz, der uns erst jüngst betroffen hat, hatte uns, wenn ich so sagen darf, in der Erinnerung an Emmanuel so sehr zusammengeführt, daß Sie mich, Ihnen selber unbewußt, nun zu der geleiten, die ich so gern hätte kennengelernt. Sie bleibt für mich ungreifbar, dennoch werde ich immer an sie denken. Dieses Unglück trifft mich so sehr auf die gleiche Art wie kurz zuvor der Tod Emmanuels, daß ich augenblicksweise meine, dies sei gar nicht geschehen, ich litte nur doppelt, so wie man doppelt sieht, und erlebte meinen Kummer eben zwiefach in der Zeit. Was aber, Prinzessin, können Ihnen meine Gedanken bedeuten, da ich ja weder der Gärtner noch die alte Dienerin bin; und an die Voraussagen sogar, die ich aus persönlicher Erfahrung Ihnen machen könnte, nicht etwa, daß Sie von Ihrem Kummer genesen, wovor Ihnen sicher grauen würde, aber doch, daß eines Tages das unerträgliche Leid zur segensvollen Erinnerung an ein Wesen geworden sein wird, das Sie nie mehr verläßt, können Sie in der jetzigen Phase der Trauer noch nicht glauben. Ich kann nur mit tiefem Schmerz daran denken, wie sehr Sie jetzt leiden müssen, und Ihnen meinen Kummer und meine Verehrung zu Füßen legen als

Ihr Ihnen tief ergebener
Marcel Proust.

Ich nahm auf den kleinen Friedhof von Clarens, auf den Stein, auf dem ihr Blumenname und ihre Lebensdaten eingemeißelt sind, dieses Versprechen des Fortlebens mit: ›Sie bleibt mir ungreifbar, dennoch werde ich immer an sie denken.‹ Ein ›tastend suchendes und leidenschaftlich bemühtes‹ Denken wird fortan ganz darauf ausgerichtet sein, das Bild derjenigen heraufzubeschwören, die ich nicht wiedersehen werde. *Talitha cumi,* ›Mägdlein, ich sage dir, stehe auf!‹

Manchmal, für den Bruchteil eines Augenblicks, hat Marcel Proust mir meine Schwester zurückgegeben. Ich habe gemeint, sie in allem wiederzusehen, was da blüht und duftet auf dem Wege der ›Suche nach der verlorenen Zeit‹, und in der ›Wiedergefundenen Zeit‹ finde ich noch einmal auch sie:

. . . Ich fragte mich, ob gleichwohl ein Kunstwerk, von dem sie kein Bewußtsein hätten, für sie, für das Geschick dieser armen Toten eine Erfüllung sein würde . . . Im übrigen hegte ich unendliches Mitleid selbst mit weniger teuren Wesen, ja Gleichgültigen, und mit so vielen Geschicken, aus denen ich, in dem Bemühen, sie zu verstehen, das Leiden mir zunutze gemacht hatte. Alle diese Wesen, die mir Wahrheiten enthüllt hatten und die selbst nicht mehr waren, kamen mir jetzt so vor, als hätten sie ihr Leben einzig zu meinem Nutzen gelebt und als seien sie im Grunde auch für mich gestorben . . . Sicherlich würde es da nicht nur meine Großmutter, nicht nur Albertine, sondern noch viele andere geben, von denen ich ein Wort, einen Blick mir angeeignet hatte, an die ich mich aber nicht mehr als Individuen erinnerte; ein Buch ist ein großer Friedhof, in dessen Bezirken man auf den meisten Gräbern die verwischten Namen nicht mehr entziffern kann. Manchmal im Gegenteil erinnert man sich sehr wohl des Namens, ohne jedoch zu wissen, ob etwas von dem Wesen, das ihn trug, in diesen Seiten noch weiterlebt. Jenes junge Mädchen mit den tiefliegenden Augen ... – ist sie hier? Und wenn sie hier wirklich ruht, in welchem Teile dann? Man weiß es nicht mehr, und wie soll man sie unter den Blumen finden?[1]

Auf diese Weise wurde mir meine tiefe Gefühlsverwandtschaft mit Marcel Proust offenbar. Das Gedächtnis teurer Sterblicher durch Anspielung auf sie und im Bereich mir zur Verfügung stehender Mittel zu retten, indem man es an andere und immer wieder andere weitergibt, war mir immer als der wahre Sinn und Zweck aller Literatur erschienen. Als Kind hatte ich mir geschworen, nicht zuzulassen, daß mein Bruder einmal ganz und gar untergegangen sein werde. Um ihn vor Vergessenheit zu bewahren, hatte ich mühevoll schreiben gelernt. In Schönschrift setzte ich seinen Namen auf das Vorsatzpapier meiner ersten Hefte. Diese Veranlagung meines Geistes brachte es mit sich, daß ich mir später das Leben wie einen Schiffbruch vorstellte, zu dessen Camoens jeder wurde, der ein Buch zu schreiben imstande war. Ich sah im Geiste mich selbst, schon

1 Die wiedergefundene Zeit, Ausgabe Suhrkamp Bd. VII, S. 338-340.

dem Versinken nahe, mit der einen Hand rudern und mit der anderen über die Wogen ein Buch erheben, in dem die Gestalten, Stimmen und Züge derer, die ich geliebt hatte, in verklärter und unvergänglicher Form festgehalten waren.

Zu dem von Marcel Proust ersehnten Abendessen im Ritz kam es anstatt 1917 erst im Jahre 1920. Als ich mich dorthin begab, war ich fast ausschließlich damit beschäftigt, der inneren Bewegung Herr zu werden, die mich bei dem Gedanken befiel, daß ich nun den Freund von Emmanuel und Bertrand de Fénelon wiedersehen sollte, der inzwischen auch mein Freund geworden war, ohne daß ich ihm seit jenem Ballabend wieder begegnet wäre. Wir sollten vier Teilnehmer bei diesem Mahle sein, Marcel Proust, Walter Berry[1], mein Mann und ich; vier nur dem äußeren Augenschein nach.

Als ich die lange Galerie betrat, an deren Ende vor der Glaswand des Restaurants ein rotes Kanapee steht, erhob sich Berry gerade dort, um uns zu begrüßen. Er wurde von jemandem begleitet, den ich nicht kannte. Es war, ohne Bart, geradezu unwahrscheinlich jung, nur mit einem schwarzen Schnurrbärtchen auf der Oberlippe, der junge Mann aus dem Buch, der Marcel Proust von Combray, von Balbec, von Doncières, der Freund von Swann, von Saint-Loup, von Oriane de Guermantes, von Albertine, der Dienstherr von Fran-

1 Ehemaliger Präsident der amerikanischen Handelskammer in Paris, Jurist, Bibliophile, Verfasser mehrerer Broschüren in französischer Sprache und einer Huldigung an Marcel Proust. In Paris, in der Avenue Gabriel geboren, und 1927 gleichfalls in Paris gestorben.

çoise mit einem unendlich langen Gefolge hinter sich, in dem man dicht bei dicht Charlus, Bergotte, die Verdurins, Saniette, Norpois, Jupien, die Berma, Odette de Crécy, Madame de Villeparisis, Andrée, Elstir, Morel, Bloch, Madame Bontemps, kurz alle diejenigen erkannte, die ihn gebeten hatten, ›ihnen ein wenig Blut zu trinken zu geben, um sie ins Leben zurückzuführen‹; dies war nicht mehr der Mann mit dem schwarzen Bart aus meinen Jugendtagen. Er durchforschte mein Gesicht ohne jeden Versuch einer konventionellen Tarnung, vielmehr mit ruhigem, von Neugier beseeltem Ernst. Dann sprach er, zu Walter Berry gewendet, von der Zeichnung meiner Nasenflügel, als wäre ich ein unbelebtes Bildwerk.

– An diese Linie, sagte er zu ihm, erinnerte ich mich. Nach ihr habe ich gesucht.

Man hätte meinen können, ein Bildhauer spräche von einer Arbeit, die er gerade unter den Händen hätte. Hatten wir nicht alle einen der winzigen Steine herbeigetragen, die ihm zur Errichtung seiner Kirche dienten? Doch nichts, was er jetzt sagen mochte, konnte mich noch schockieren; ein tiefes Einvernehmen hatte sich stillschweigend zwischen uns im Laufe der Jahre herausgebildet, in denen wir uns nicht gesehen, aber so viele Tote uns einander nähergebracht, ja, wie er selber sagte, uns vereinigt hatten. Ich erzählte ihm von einem Abendessen in diesem gleichen Restaurant und, wie ich glaubte, sogar an diesem gleichen Tisch während des Krieges. Es war im August 1916. Unser Gast, Iswolsky[1], hatte mich in meiner Wohnung abgeholt, und wir hat-

1 Ehemaliger russischer Außenminister, Botschafter in Paris von 1913-1917.

ten zu Fuß, unter einem abendlichen Gewitterhimmel und ohne daß – wegen der Luftangriffe – die Straßenlaternen brannten, die Place Vendôme überquert, auf der damals gerade das Pflaster aufgerissen war. Der Herzog und die Herzogin von La Trémoïlle waren gleichfalls bei diesem Diner. Vier Gedecke, damals wie heute, und die gleiche Umgebung. Durch eine Ideenassoziation fiel mir die Stelle über den Antisnobismus der Verdurins ein, der nur ein Snobismus unter anderm Aspekt war, und ihre Manie, immer von ›den Trémoïlle‹ zu sprechen, mit Auslassung des ›la‹, um die Abschaffung der Privilegien zu betonen. Naiverweise fragte ich den Herzog und die Herzogin, ob sie auch das Werk Marcel Prousts liebten, da ich mir einbildete, er müsse auch zu ihren Freunden gehören wie zu denen meiner Vettern Bibesco, der Noailles, der Chimay, der Guiche, und sogar in der Meinung befangen war, er habe sicher diese Episode, in der ihr Name eine Rolle spielte, abgefaßt, um sie zu amüsieren. Statt dessen stellte ich jedoch fest, daß niemand an diesem Tisch, weder Monsieur noch Madame de la Trémoïlle, noch Iswolsky jemals etwas von Marcel Proust gehört hatten, dessen – ihnen völlig unbekannten – Namen sie verwundert wiederholten. Ohne daß ich dafür einstehen kann, wie es sich mit den anderen Gästen dieses Diners verhielt, habe ich doch erfahren, daß Iswolsky in seinem letzten Lebensjahr Marcel Proust gelesen und leidenschaftlich bewundert hat. Als ich den ehemaligen russischen Botschafter wenige Tage vor seinem Tod zum letzten Male sah, traf ich ihn bei der Lektüre von ›A l'ombre des jeunes filles en fleurs‹.

Wir sprachen darauf von der Heirat Antoines, die im Jahr zuvor stattgefunden hatte. Ihre Freundschaft hatte in dem Maße, wie große Gefühle sich selbst überleben, die Zeiten überdauert:

. . . In diesem Augenblick durchlebe ich große, nie endende Krisen, schrieb Marcel Proust ungefähr zum gleichen Zeitpunkt an Antoine, von schwerer Krankheit heimgesucht, mein guter alter Antoine – Du, den die Entfernung, die Traurigkeit und sorgfältigstes Abwägen der Intelligenzen und der Arten des Schweigens mir noch teurer macht. Arbeitest Du?[1]

Wir sprachen von Antoines Frau, Elizabeth Asquith, der Marcel Proust eine Seite Saint-Simon in ›Pastiches et Mélanges‹ gewidmet hat, die er als Einschiebsel noch in die eigens zu diesem Zweck vom Drucker herbeigeholten Korrekturabzüge eingefügt hatte, nachdem Antoine einer alten Gewohnheit folgend völlig überraschenderweise in sein Zimmer eingedrungen war, um ihm seine Verlobte vorzuführen.

Wir sprachen von Antoines und Elizabeths kleiner Tochter, zu deren Taufe ich nach London fuhr. Dieses Kind war die einzige Nachkommin des einzigen seiner drei Freunde, dem das Leben Zeit gelassen hatte, sich zu verheiraten, durch ein anderes Wesen sich noch einen Widerschein in einer Zukunft zu schaffen, in die weder Bertrand noch Emmanuel jemals außer in der Idee mehr eindringen würden. Er wollte wissen, wie dieses kleine Mädchen heißen sollte, und sprach den Namen vor sich hin: Priscilla-Helene Bibesco. Ein neuer Austausch vollzog sich: wieder einmal würde der Name von

1 Brief CLVIII an Antoine Bibesco.

der Substanz einer Verstorbenen leben. Seine Melancholie machte jedoch übermütiger Heiterkeit Platz, als er plötzlich im Restaurant eine Dame erscheinen sah, die ihn an eine andere, eine Schriftstellerin erinnerte. Sofort stürzte er sich in die Schilderung einer grotesk-komischen Begegnung mit dieser ihm ganz fremden federführenden Person.

– Wie schreiben Sie, Monsieur Proust?

– . . .

– Nun, ich meine, schreiben Sie leicht?

– Nein, Madame, ich schreibe wenig, schlecht, selten, unter Schwierigkeiten, nie . . .

– Ach! sagte sie. Das ist also nicht wie bei mir. Bei mir sprudelt es nur so, wie eine Quelle . . . usw. usw. usw.

Eine Viertelstunde lang hatte sie ihn dann darüber unterhalten, wie sie schrieb, ohne daß irgend eines ihrer Worte für Marcel Proust verloren gewesen wäre. Er gab uns alle wieder, noch dazu mit dem richtigen Tonfall. Ich sah ihn einmal ganz im Ban seiner Begabung für Komik; zum ersten Mal hörte ich ihn damals lachen . . .

Aber das Gespräch wurde an jenem Abend nicht fortgeführt. Eine meiner Verwandten, die am nächsten Tage mit mir abreisen wollte und, da sie im Hotel Ritz wohnte, mich um einen Besuch in ihrem Zimmer bat, ließ mich ans Telefon rufen. Ich erzählte Marcel Proust, die junge Frau, die mich zwang, ihn zu verlassen, sei durch ihre Mutter, eine Bauffremont, eine Nachkommin Ludwig des Dicken, also jenes Geschlechts, das in Lothringen und Burgund Lehngüter mit bezaubernden Namen innegehabt hätte, von denen er seinen Saint-Simon berichten läßt:

Und die Bauffremont, die aus kapetingischem Geschlecht sind und mit gutem Grund die Krone von Frankreich hätten für sich in Anspruch nehmen können, wie ich schon mehrfach bemerkte[1] . . .

Er äußerte sogleich den Wunsch, die junge Frau[2] kennenzulernen, dank der er die Kirchtürme von Scey-sur-Saône und weiter in der Ferne die Masten der von einem Großadmiral von Frankreich befehligten Fregatten würde schimmernd aufragen sehen. Ich versprach ihm, er werde ihre Bekanntschaft machen, weil ja für ihn ihre Schönheit eine Bedeutung haben würde, die sie für niemanden sonst jemals haben könnte.

Wir trennten uns über diesem Versprechen, das in alle Ewigkeit ein solches bleiben sollte.

*

Um dem Vorwurf des Snobismus zu begegnen, den so viele gescheite Leser Proust machen, müßte man weder Josse noch Goldschmied, sondern lieber Schuhflicker sein, man könnte sich dann überzeugender zu dem Thema äußern. In einem Gespräch, das ich kürzlich mit einem talentierten Mann geführt habe, machte ich meinen Gesprächspartner, der sich bei mir entschuldigte, daß er im Werke Prousts als einen Makel seine Vorliebe für die große Welt gerügt habe, darauf aufmerksam, daß niemand weniger ausschließlich von eben dieser großen Welt gesprochen habe, keinesfalls vor allem Stendhal oder Balzac. Im Werke Prousts sind die Porträts der Guermantes weder sorgfältiger behandelt

1 Pastiches et Mélanges, p. 72.
2 Meine Nichte, damals Gräfin François de Beauchamps, in zweiter Ehe Gräfin Stanislas de la Rochefoucauld.

noch besser getroffen als die der Künstler, der Bourgeois, der Mediziner, der Philosophen oder der Bedienten. Niemand hat gerade letztere besser geschildert, niemand so gut ›genau wie sie‹ zu reden gewußt. Die Gestalt der Odette de Crécy und die der Madame de Verdurin werden dem Leser genau so deutlich vor das innere Auge gerückt und ebenso häufig, ja häufiger im Laufe des Romans erwähnt wie zum Beispiel die der Prinzessin von Guermantes, und Albertine, die im Bereich des Gefühls Gilberte ablöst, ist ebensowohl bürgerlich wie diese. Wenn unter den anderen Frauen die Herzogin von Guermantes in besonderem Glanz erstrahlt, so deshalb, weil sie geliebt wird. Alle Gestalten Prousts bewegen sich auf der gleichen Ebene; der Herzog hat für den Autor keine größere Wichtigkeit als der Chauffeur oder der Portier und eine weit geringere als die Dienerin. So wird die gotische Tradition, die das gesamte Werk Prousts durchzieht, im ganzen wie im einzelnen respektiert. So sind in La Chaise-Dieu der Papst mit einer Tiara, der König mit seiner Lilie, der Herzog mit seiner Blätterkrone, der reiche Mann, der Bauer und der arme Holzfäller alle nebeneinander weder höher noch tiefer aufgereiht, jeder aber, wie es sich gehört, mit seinen Attributen versehen, damit der Tod ihn erkennt. Dieser selbst ist hinter jedem in stets der gleichen Weise wiedergegeben, ohne jeden Unterschied grinsend, drohend und nackt. Wenn die dem Teufel zufallenden Verdammten am Seitenportal der Kathedrale von Reims ebenso wie die Teilnehmer am Totentanz von La Chaise-Dieu in der Kleidung ihres Standes erscheinen, so doch nicht die Erwählten: was Gott gehört, wird ihm von Engeln, die aus der Backstube zu kommen scheinen, in Gestalt von kleinen mit einem Kreuz bezeichneten Broten, die alle rund und schön und gleichmäßig sind, auf Tüchern zugetragen. Was die Revolution in Riesenlettern auf die Mauern schrieb, stellte das Mittelalter, das nicht lesen konnte, in Begriffsverbildlichungen von wunderbarer Schönheit dar. Ohne es zu wissen, verteidigte Marcel Proust sich selbst, wenn er für den Geist der Kathedralen eintrat:

Da sind nicht nur die Königin und der Prinz mit ihren Insignien, ihrer Krone oder der Kette des Goldenen Vlieses. Die Geldwechsler sind ebenfalls dargestellt, wie sie die Aufschrift auf den Münzen prüfen, die Kürschner beim Verkauf ihrer Felle, die Metzger beim Schlachten der Ochsen, die Ritter mit ihrem Wappenschild und die Steinmetze beim Meißeln der Kapitelle. O ihr alle auf euren Kirchenfenstern von Chartres, von Tours, von Bourges, von Sens, von Auxerre, von Troyes, von Clermont-Ferrand, von Toulouse, ihr Faßbinder, Pelzhändler, Gewürzkrämer, Pilger, Bauern, Waffenschmiede, Weber, Steinmetze, Metzger, Korbmacher, Schuhmacher, Sänger, ihr alle, ihr, die große schweigende Demokratie[1] . . .

Das ist Marcel Proust bei der Arbeit an seiner Glasmalerei. Die Abzeichen jeder einzelnen Zunft, die unterscheidenden Merkmale der Stände eignet er sich an, er malt sie aus oder faßt sie wie einen Stein mit dem gleichen gewissenhaften Bemühen. Wer nur die Guermantes in seinem Werk sieht, gibt damit zu, daß nur die Guermantes ihn interessieren und sein Staunen erregen. Demnach sind diese Art Leser die Snobs. Was Marcel

1 Chroniques, ›Une conséquence du projet Briand‹ (p. 165).

Proust in dem Erben einer langen Geschlechterfolge erblickt, ist die Fülle der Persönlichkeiten und die Zahl der Taten, ausgeführt von berühmten abgelebten Schatten, die diesen nunmehr Lebenden bis zu ihm hingeführt haben. Denn wenn wir alle ›unter Toten zum Leben erwacht‹ sind, wissen wir doch nicht alle, unter welchen Toten. Dieses Nichtwissen kann sogar etwas Bewegendes haben wie bei Péguy, wenn er von der ›aus vier Menschen bestehenden Mauer‹ spricht, über die hinaus ihm nichts zugänglich ist. Wenn dahinter ein ganzes Volk steht, das von Ruhm gesättigt ist wie das französische, kann sich die Phantasie an jedem der Kinder dieser Nation entzünden. Ich stelle in Frankreich keinen Dienstboten ein, ohne daran zu denken, daß vielleicht sein Urgroßvater den ägyptischen oder italienischen Feldzug unter Napoleon mitgemacht und dessen Großvater wieder an den Kriegen Ludwigs XIV. teilgenommen hat. Und ich denke auch an diejenigen, die zur Zeit der Kreuzzüge zu Fuß ins Heilige Land gewandert sind. Was aber könnte für den Mann, dessen gesamtes Bemühen darauf gerichtet ist, die Zeit nachzuerschaffen, dessen ganzes Werk letzten Endes nur ein Versuch der Wiedererweckung ist, natürlicher sein als das leidenschaftliche Interesse für Personen, die allein ihm gestatten, den Lauf der Zeiten zurückzuverfolgen? Proust gleicht einem Menschen, der eine Furt durch die Jahrhunderte sucht und endlich in einem Fürsten einen Fährmann findet. Um die außergewöhnliche Natur des Gefühls zu beschreiben, das ihn dazu treibt, die Bekanntschaft mit den Repräsentanten bestimmter Familien zu suchen, eines Gefühles, in dem sich die Liebe zur Architektur mit der dramatischen Jagd nach der ›Dauer‹ vermischt, wie z. B. als er – besonders wegen einer

Kirche in Scey-sur-Saône – die Tochter einer Bauffremont kennenlernen wollte, möchte ich einen Jugendbrief von ihm zitieren, in dem diesmal die Neigung zur Malerei im Verein mit der zur rückläufigen Bewegung in der Zeit ihn anreizt, sich um die Bekanntschaft mit einem jungen Engländer zu bemühen:

Lieber Antoine,
dank für Dein Briefchen, das mir großes Vergnügen gemacht hat. Ich wußte übrigens schon seit sehr langem über die Heirat Humières — um mich so auszudrücken wie Du – Bescheid. Jetzt stell Dir vor, ich habe erfahren, daß einer der Freunde, mit denen Du mich zum Abendessen eingeladen hattest – ich konnte aber nicht kommen – . . . ein Herr Cosmo Gordon Lennox, von dem Herzog von Richmond abstammt, dessen Porträt von Van Dyck (nach Deinem System müßte ich vielleicht sagen: Porträt von Dyck) mir früher unter anderen große Bewunderung eingeflößt hat, so daß ich ihm auch Verse gewidmet habe, die in ›Les Plaisirs et les Jours‹ enthalten sind. Alles das macht mir Herrn Gordon Lennox außerordentlich interessant . . .[1]

Man sieht, wie Prousts Einbildungskraft funktioniert. Nebenher tut man durch diesen Brief auch noch einen Einblick in jene Einweihung in die Gewohnheiten der großen Welt, jenen Geheimkodex, die er Antoine verdankt. Von ihm lernt er, daß man nicht die ›de Rohan‹ oder die ›de Noailles‹ sagt, so wenig wie die ›de Guermantes‹. Daß man die Adelspartikeln wegläßt, wenn nicht das Wort ›Monsieur‹ oder der Titel vorausgeht, ist

1 Brief XLII an Antoine Bibesco.

ihm noch nicht vertraut. Zu Beginn ihrer Freundschaft ist Antoine derjenige, der ihn belehrt, und Marcel Proust mokiert sich ein wenig über den Brauch, bevor er ihn annimmt, ganz wie die Verdurins. Er gibt seinem Freunde nach, wobei er so tut, als ob er ihm ein Zugeständnis machte. ›Um mich so auszudrücken wie Du‹, schreibt er deshalb, während Antoine es nur so hält wie jedermann in jenem Teil der Gesellschaft, dem er angehört, und deshalb auch gebraucht er die scherzhafte Wendung:

›Nach Deinem System müßte ich vielleicht sagen: Porträt von Dyck‹ (da ja ›Van‹ dem französischen ›de‹ entspricht), die noch ein wenig von seiner Auflehnung ausdrückt, bevor er sich der Sitte der Kreise fügt, die nicht die seinen sind.

Es gibt noch eine Fortsetzung zu dem obigen Brief, aus der man sieht, daß er doch eine Auswahl trifft, denn er erklärt darin, was er in der Bekanntschaft mit einem Gordon Lennox sucht, was ihn daran interessiert und was nicht:

Ich sehe, daß ich mich täusche, was den Herzog von Richmond angeht, denn als der erste Herzog von Richmond, Lennox, geboren wurde (damals war er noch nicht Herzog von Richmond), war Van Dyck schon tot. Es stimmt allerdings, daß, wenn dieser Titel im Hause England existierte, doch eine Verwandtschaft besteht, da dieser Lennox ein Bastard des Königs war. Aber schließlich ist das doch nicht mehr derart interessant (wobei im übrigen Dein Freund durch andere Seiten interessant bleibt, zum Beispiel durch die Heirat mit . . .) usw. usw.[1]

1 Brief XXIX an Antoine Bibesco.

Die Phantasie hat sich zu Unrecht in Bewegung gesetzt, aber trotz dieses falschen Anlasses genügt der Name Gordon Lennox, um noch einmal das vormalige Entzücken angesichts des Porträts zu wecken:

Tu triomphes, Van Dyck, prince des gestes calmes,
Dans tous les êtres beaux qui vont bientôt mourir. . . .
Duc de Richmond, ô jeune sage – ou charmant fou? –
. . . Un saphir à ton cou,
A des feux aussi doux que ton regard tranquille[1] . . .

So auch spielt im Beginn der großen Freundschaft der Name Fénelon, der in der Geschichte und in der Literatur einen so schönen Klang hat, eine gewisse und sogar recht bedeutende Rolle bei der gefühlsbestimmten persönlichen Einordnung, die Marcel Proust ihm gewährt. Der folgende Brief stellt das einwandfrei klar:

. . . Bald werde ich Nonelef genau so finden wie zwanzig andere Personen auch und nicht mehr gegen diese klassische Sirene mit den meerblauen Augen ankämpfen müssen, die in direkter Linie von Telemach abstammt und deren Spuren M. B. gewiß in der Nähe der Insel der Kalypso entdeckt haben wird. Der arme Junge, der sich natürlich nicht das geringste aus mir macht, wäre sehr erstaunt, sich als Gegenstand so vieler kritischer Untersuchungen zu sehen.

*

Ein anderer Brief enthüllt vollkommen deutlich die Natur der Wahl, die Marcel Proust innerhalb seiner gesell-

1 Les Plaisirs et les jours, p. 121.

schaftlichen Beziehungen zu treffen gedenkt und welche die Pflanzen sind, aus denen die ›schlafende Biene‹ keinen Honig saugen wird:

Was dieses Diner bei der Prinzessin C . . . zusammen mit Dir anbelangt, so hätte mir im Prinzip nichts besser passen können, da ich mich doch umziehen muß, um zu Straus' zu gehen, dort jedoch nicht zu Abend esse. Wegen der Personen aber, die bei dem Diner Deiner Kusine anwesend sind, speise ich lieber ein andermal bei ihr, denn diese Personen gehören nun einmal in diejenige Kategorie von Weltleuten, die mich nicht amüsieren – aus Gründen, die hier niederzuschreiben zu lang sein würde und die außerdem nur für die Psychologie meiner Art von Snobismus von Interesse sind. Wenn Du wieder im Restaurant zu Abend ißt, sage mir vorher Bescheid.[1]

Sein Snobismus ist nämlich nichts anderes als die Möglichkeit der Eröffnung einer Perspcktive in die Zeit, bei der er etwas finden möchte, was bewegend für ihn ist. Niemals fällt er auf den bloßen gesellschaftlichen Aspekt herein; nie ist er seiner Eitelkeit ›auf den Leim gegangen‹, wie Chateaubriand es genannt hat. In der Schilderung der Torheiten und der Unwissenheit der Weltleute ist er unerschöpflich. Er weiß, daß es für manche um soviel weniger ein Mann von Welt sein heißt, wenn man nicht dumm und unwissend ist. So bekennt er in einem seiner frühesten Briefe, in dem er von seinen Artikeln im ›Figaro‹ spricht, daß er sich mit diesen dem Niveau einer gewissen Art von Lesern habe anpassen wollen:

1 Brief XIV an Antoine Bibesco.

. . . Indessen finden sich in den beiden anderen ein oder zwei Sätze, die doch, wie ich glaube, etwas Scharfsinnigeres und Wesentlicheres enthalten. Ich bin jedoch gezwungen, mich auf einen mehr oder weniger summarischen Ausdruck dieser Wahrheiten zu beschränken, sobald ich daran denke, daß dieser Artikel ja dazu bestimmt ist, P . . . oder L . . . vor Augen zu kommen, die sich glücklicherweise allerdings vermutlich aufsparen für . . . Ja, für wen eigentlich? Behalten wir selber uns hier vor, den Schriftsteller einzusetzen, den wir aufs tödlichste beleidigen möchten. ›Den, bei dem P . . . sich gütlich tut und den N . . . G . . . für das Beste vom Besten hält.‹ Ohne Dich zum Schreiben an mich zwingen zu wollen und ohne diese grauenhafte Sache, eine Korrespondenz, zu eröffnen, würde ich doch gern wissen, ob Du die beiden Artikel erhalten hast, weil es bei dem einen Mal, bei dem ich feststellen kann, ob die Sendungen, mit denen ich meinen Diener betraue, auch ankommen, sehr ärgerlich wäre, das Gegenteil konstatieren zu müssen. Heißt es nicht: ›Ab uno disce omnes‹? Ich weiß nicht, ob wir von Suarès' Artikel über den Tanz gesprochen haben. Trotz mancher Vorbehalte wirklich sehr schön. Dazu kommt hier noch die Genugtuung, daß P . . . ihn bestimmt nicht liest. Aber das ist rein negativ und oft auch noch trügerisch, wie es den Leuten ergeht, die sich bei M. de X . . . mit Genugtuung sagen: ›Wenigstens kommt Madame de S. P. nicht hierher.‹ Und schon rauscht sie herein! Ich spreche von so banalen Dingen wegen unserer gemeinsamen ›Gutmütigkeit‹, jener wesentlichen, der Gesundheit zuträglichen und von Joubert empfohlenen Tugend.

Ganz der Deine –
Marcel[1].

1 Brief XIV an Antoine Bibesco.

In einem anderen Brief aus der gleichen Epoche – ich wähle mit Absicht solche aus der Zeit, in der Marcel Proust sich als Weltmann gerierte und man ihm nachsagte, er stehe unter dem Einfluß der Salons – äußert er sich ebensowenig schonend über den Vorurteilslosen, den Künder eines gesellschaftlichen Atheismus, das heißt den verschämten Snob:

R. P. sagt mit Bezug auf die Adligen: Man sollte allen diesen Leuten den Kopf abschlagen, und zieht eine Weste an, um sich zu Madame d'Haussonville zu begeben. (Eine Weste anziehen ist weder ein Lapsus noch ein Zeichen der Unkenntnis des Schreibers – erst recht nicht der Person.)[1]

Im übrigen sind Dummheit und Stumpfsinn keineswegs ausschließlich den müßigen Besuchern der Salons vorbehalten. Er weist überall auf sie hin, wo man ihnen begegnet, und folgt auch darin noch wieder, insofern er niemanden schont, der gotischen Tradition, der großen zu Stein gewordenen Satire der Kathedralen. Die hier und da in den Briefen an meine Vettern vereinzelt anzutreffenden Bemerkungen finden sich in dem folgenden Satz aus den ›Chroniques‹ gewissermaßen resümiert:

Richter, Ärzte, Verwaltungsbeamte, Weltleute sind nicht die einzigen, die nichts von Dichtkunst verstehen.

Was er vom ›Adel‹ verlangt, ist adliges Verhalten, und von den Weltleuten verlangt er eine genaue Einschät-

1 Brief XXVIII an Antoine Bibesco.

zung gesellschaftlicher Werte, denn auch er ist im Grunde gegen eine Vermischung der Sphären, was er ausgezeichnet in einem Brief an Sir Philip Sassoon[1] definiert, den ich zugleich mit einem ihm vorausgegangenen zitieren möchte, denn vor diesem neuen Spiegel, der für ihn der Geist eines jungen britischen Parlamentariers ist, offenbart sich die wahre Haltung Marcel Prousts der großen Welt gegenüber sozusagen im Reinzustand:

Sehr verehrter Herr Sassoon,
die gute Madame Sert[2] (die ich immer sehr gern mag, aber niemals sehe, weil ich mein Leben auf eine so ärgerliche Art führen muß) hat mir in Ihrem Auftrag drei stark zerlesene Bände von mir geschickt, die ich mühelos durch drei noch nicht zerlesene ersetzen könnte. (Der Inhalt wird leider mittelmäßig bleiben, denn es sind die drei schlechtesten, die ich geschrieben habe.) Wenn ich sie Ihnen nicht einfach signiert zurückschikke, sondern mir die außerordentliche Mühe zumute, einen Brief zu schreiben, obwohl ich noch Hunderte von früheren zu erledigen hätte, so ist dies der Grund: Ich möchte Ihre liebenswürdige Bitte auf denkbar liebenswürdige Art beantworten, weiß jedoch nicht, wer die

1 Mit zweiundzwanzig Jahren Abgeordneter für die Stadt Folkestone im britischen Parlament. Sekretär Sir Douglas Haigs während des Krieges und Lloyd Georges während der Friedenskonferenz. Unterstaatssekretär für die Luftfahrt im Kabinett Baldwin.

2 Geb. Misia Godebska, polnischer Herkunft, Frau des spanischen Malers José-Maria Sert. Ihrem Geist, ihrem Geschmack und ihrer Schönheit verdankte sie die Freundschaft Mallarmés, Octave Mirbeaus, des Malers Edouard Vuillard und anderer namhafter Persönlichkeiten.

fragliche ›Bewunderin‹ ist. Ist sie mir unbekannt und genießt sie nur den Vorzug, mit Ihnen befreundet zu sein, würde ich mir selbstverständlich nicht erlauben, eine Widmung hineinzuschreiben, sondern oberhalb von meiner Signatur eine ganze Seite aus meinem Werk kopieren, um so dem Exemplar besonderen Wert zu verleihen. Wenn es sich hingegen um eine Feindin von mir handelte, die Ihren Namen benutzt, um von mir zu erlangen, was sie selbst von mir nicht erbitten könnte, so würde noch die bloße Signatur mir als zuviel erscheinen, und ich würde vorziehen, die Bände unsigniert zurückzusenden. Es könnte auch noch ein dritter Fall eintreten, nämlich daß die Dame sich einbildet, das Buch sei von Marcel Prévost. In diesem Falle würde ich es sehr gern übernehmen, den Autor von ›Les Dons Juanes‹ um ein von ihm signiertes Exemplar zu bitten.

Auf alle Fälle verzeihen Sie mir bitte, daß ich um eine einfache Signatur ein solches Aufheben mache.

Wenn ich Ihnen jemals begegne, werde ich (da meine Hand schon etwas zu ermüden beginnt) Ihnen mündlich berichten, was für ein nettes Pastiche über Sie ich vor einem Jahr gemacht und aus welchen durchaus verdienstlichen Gründen ich es zerrissen habe. Von Ihnen selbst habe ich bislang nichts weiter als Wasserrauschen vernommen. Ich aß im Ritz zu Abend (wo ich häufig ein Zimmer für ein paar Stunden nehme, um den Gästen im Speisesaal aus dem Wege zu gehen) und erklärte dort gerade dem Kellner, der für das Conservatoire die Rolle des Sosias einstudiert hatte, worin eigentlich der Sinn des Stückes von Molière bestehe (das Conservatoire hatte ihn nämlich zu seinem bisherigen Beruf im Ritz zurückgeschickt). Im gleichen Augenblick erhoben sich neben mir drohende Geräusche, es schien sich um eine wahre Sintflut zu handeln, offenbar als Strafe für meine respektlosen Erörterungen von seiten Jupiters, der mir einen seiner Donnerkeile zuschickte. Aber nein, man sagte mir nur, Sir Philip Sassoon nähme gerade nebenan sein Bad.

Dies ist nun allerdings, verehrter Herr Sassoon, eine noch schlimmere Sintflut von Erklärungen aus Anlaß einer so geringfügigen Angelegenheit. Ich kann Sie nur noch bitten, an die aufrichtige Verehrung zu glauben

Ihres sehr ergebenen
Marcel Proust.[1]

Der zweite Brief übertraf diesen ersten noch an Vertraulichkeit des Tons:

Sehr verehrter Herr Sassoon,
Ihr Brief war für mich ungemein instruktiv. Ich habe daraus nicht erfahren, daß Sie sehr viel Geist besitzen, denn das war mir seit langem bekannt, wohl aber, daß Philip im Englischen mit nur einem p geschrieben wird. Sie können sich denken, mit welchem Vergnügen ich ›Sodom und Gomorrha‹, von dem Sert behauptet, Sie hätten es geschickt, und Sie, er habe es getan, einer irischen Dame zukommen lasse, die so sympathisch und wahrscheinlich die einzig Berechtigte ist, den von Ihnen genannten Namen zu tragen (was mir im übrigen völlig gleichgültig ist; aber ich wundere mich doch über die Unwissenheit der Weltleute, die seit einigen Jahren zu glauben anfangen, die Z . . ., Söhne der Mademoiselle de X . . ., hätten irgend etwas mit dem Duell Heinrichs II. zu tun, während sie eine Beziehung einzig zu den Renn-

1 Brief 1 an Sir Philip Sassoon.

ställen ihrer Eltern haben. Es wäre ganz natürlich, wenn ein schlichter Schreibtischarbeiter wie ich darauf hereinfiele, aber für Leute, deren einziger Daseinszweck es ist, über diese Dinge Bescheid zu wissen, ist es doch ganz unerhört. Es stimmt freilich, daß das Wort ›Name‹ hier keine ganz klarumrissene Bedeutung mehr hat, denn als ich neulich erfuhr, daß man einer Ihrer Landsmänninnen die Einladung zu einem Ball verweigert hatte, forschte ich aus Neugierde nach, wer denn dieser so exklusive Hausherr sei. Nun aber hat er tatsächlich gar keinen Namen, sondern führt statt dessen nur die abgekürzte Telegrammadresse seines Vaters an ... Da ich gottlob diesen Herrn nicht kenne, werde ich mir diesmal ein Pastiche erlauben.)

Wenn Sie in diesem oder einem der folgenden Jahre durch Paris kommen sollten, versuchen Sie mich bitte nicht zu sehen: ich werde Ihnen den Grund sagen (der übrigens sehr schmeichelhaft ist). Als Bertrand de Fénelon, den ich täglich vier- bis fünfmal sah, nach Konstantinopel abreiste, habe ich im Gedanken an die Trauer so vieler Abschiede aufgehört, ihn jemals wiederzusehen. In Ihrem Fall würde keine Trauer aufkommen, da ich Sie ja gar nicht kenne, wohl aber das mißliche Gefühl, jemanden kennenzulernen, dem ich niemals wieder begegnen werde.

Ich kenne keine einzige Zeile von Pierre Benoît. Léon Daudet schreibt von Zeit zu Zeit, ich sei der erste französische Schriftsteller – was mir ein gewisses Vergnügen bereitet – und nach mir käme Benoît – was mein Vergnügen alsbald wieder zum Verschwinden bringt. In ähnlicher Weise hat einer Ihrer Landsleute mich aufs höchste geehrt, indem er bemerkte: ›Den stärksten Eindruck, den wir aus Paris mitnehmen, hat auf uns Herr

Proust gemacht.‹ Ich fühlte mich schon geschmeichelt, jedoch zu früh, denn er setzte hinzu: ›Tatsächlich war dies der erste Mann, den wir im Pelzmantel haben zu Abend essen sehen.‹

Gestatten Sie, verehrter Herr Sassoon, mit meinen ergebensten Empfehlungen zu schließen als Ihr

Marcel Proust.[1]

Wenn man weiß, in welchem Ausmaß der Glanz der großen Welt einen Balzac hat blenden können – um nur einen Verstorbenen, und zwar einen der größten zu nennen –, wie sollte man da nicht zu der Einsicht kommen, daß Marcel Proust frei von jedem Snobismus ist? Er gibt darüber eine endgültige Erklärung in einem seiner ersten Artikel ab, und zwar – was höchst beachtenswert ist – in einem für den ›Figaro‹ bestimmten, der einem wesensmäßig höchst mondänen Objekt gewidmet ist: dem Salon einer Prinzessin:

Ein Künstler darf nur der Wahrheit dienen und auf den Rang keinerlei Rücksicht nehmen. Er muß ihm einzig in seinen Beschreibungen insoweit gerecht werden, als er ein unterscheidendes Merkmal darstellt wie zum Beispiel die Nationalität, die Rasse, das Milieu. Jeder Stand innerhalb der Gesellschaft hat sein besonderes Interesse, und es kann für den Künstler ebenso merkwürdig sein, das Auftreten einer Königin zu schildern wie die Gewohnheiten einer Näherin[2].

Er wird sich über dieses Thema noch einmal gegen Ende

1 Brief II an Sir Philip Sassoon.
2 Chroniques, p. 22.

seines Lebens in einem Brief an Madame Sert aussprechen, die er seines Vertrauens in dieser Hinsicht für würdig erachtet:

Donnerstag abend.

Sehr verehrte Madame Sert,
Ihr Brief vom Mittwoch ist leider erst heute, Donnerstag, eingetroffen, und man hat mein Zimmer erst heute abend um neun Uhr zu betreten gewagt. Ich konnte Sie also nicht rechtzeitig benachrichtigen. Es tut mir schrecklich leid, die Ähnlichkeit der Umstände – russisches Ballett, Souper bei Ihnen – läßt soviele liebe Erinnerungen wieder lebendig werden und weckt in mir fast die Vorstellung, daß es auch beim Glück Rückfälle geben kann. Sogar noch den Satz ›Sind Sie ein Snob?‹, der mir das erste Mal recht töricht erschien, werde ich schließlich – ich spüre es – lieben, weil ich ihn von Ihnen habe aussprechen hören. An sich hat er keinen Sinn. Wenn unter den sehr wenigen Freunden, die sich aus Gewohnheit nach meinem Befinden erkundigen kommen, hier und da auch ein Herzog oder ein Prinz ist, so findet das einen mehr als reichlichen Ausgleich durch andere Freunde, von denen der eine ein Kammerdiener, der andere ein Chauffeur ist und die ich besser behandle. Im übrigen sind sie einander ebenbürtig. Die Kammerdiener sind gebildeter als die Herzöge und sprechen ein hübscheres Französisch, aber sie nehmen es genauer mit der Etikette, sind weniger natürlich, dafür empfindlicher. Alles in allem sind sie gleich viel wert. Der Chauffeur tritt vornehmer auf. Aber schließlich hat der Satz: ›Sind Sie ein Snob?‹ mir gefallen wie ein Kleid vom vorigen Jahr, in dem ich Sie hübsch gefunden habe. Eins aber kann ich Ihnen versichern: die einzige Person,

mit der umzugehen mich zu einem Snob abstempeln könnte, sind Sie, und doch wäre es nicht wahr. Sie als einzige glauben vielleicht, daß ich Sie eher aus Eitelkeit besuche denn aus Bewunderung. Seien sie nicht so bescheiden.

Wenn Sie sich weiter mit Sert gut stehen, sagen Sie ihm bitte, daß ich fanatisch für ihn schwärme.

Ihr ganz ergebener
Marcel Proust.

Der gleichen Madame Sert wird er den erschreckenden Grund anvertrauen, weshalb er ihre Einladung in die Oper annimmt: ›Es interessiert mich außerordentlich zu sehen, wie die Gesichter altern.‹

Dennoch ist der Vorwurf des Snobismus zu einem Gemeinplatz und zu einem abgegriffenen Einwand geworden, den man gegen Marcel Proust erhebt, und zwar ganz besonders in den Salons, die dadurch ihre Undankbarkeit bekunden. Die Anschuldigung erscheint besonders ungerecht im Lichte einer Ermahnung wie der folgenden, die ich mit Absicht einem der in der allererten Periode, in der noch stark gesellschaftlich bedingten Phase der großen Freundschaft geschriebenen Briefe entnehme, einer Ermahnung, die, wiewohl an Antoine gerichtet, sich ausgezeichnet auch auf Marcel Proust anwenden läßt:

... Versuche zu bleiben, wie Du bist, schöpfe ständig die neues Leben spendende Kraft für Deine Handlungen und Worte aus dem schöpferischen Denken, gestehe der Konvention keinerlei Einfluß zu, denn was man für eine bloße gesellschaftliche Lächerlichkeit oder schlichte Bosheit hält, ist der Tod des Geistes. Lebe vielmehr auch künftighin so, aufrichtig, ohne falsche Ehrfurcht, spontan, und ich sage Dir – nicht im religiösen Sinne, sondern in dem literarischer Unsterblichkeit: »This do and thou shalt live. This if thou do not, thou shalt die. Die (whatever Die means) totally and irrevocably.«[1]

In einem anderen Brief aus dieser gleichen Epoche legt Marcel Proust nach leidenschaftlichen Vorwürfen wegen einer an sich geringfügigen Sache ein spontanes Bekenntnis ab, das ihm seinen Platz ›zwischen der Vergangenheit und dem Nichts‹ anweist:

Mein guter Antoine,
ich bin schrecklich verstimmt wegen dessen, was Du Constantin gesagt hast. Ich hatte Dir doch in meiner Depesche ›serment-tombeau‹, Grabesschweigen auferlegt. Nein, im Grunde macht es nichts, wenn ich es recht bedenke, es ist nur ärgerlich. Es wirkt reichlich frivol von seiten jemandes, der zwischen Leben und Tod, zwischen Liebe und Verzweiflung, zwischen der Vergangenheit und dem Nichts steht, sich durch eine solche Kleinigkeit noch verstimmen zu lassen . . .[2]

Diesem Mönch, der angeschuldigt wird, der Welt geopfert zu haben, wirft man auch vor, er habe Schlüsselromane geschrieben. Völlig ahnungslose Personen regen sich darüber auf, daß sie das Schlüsselloch nicht

1 Brief LIII an Antoine Bibesco. ›Tu das, und du wirst leben, und wenn du es nicht tust, wirst du sterben. Du wirst sterben (was auch sterben bedeuten mag), und zwar vollkommen und in alle Ewigkeit.‹
2 Brief XLII an Antoine Bibesco.

finden, oder daß die Laterna magica nicht hell genug eingestellt ist. Wie oft habe ich nicht Sätze wie die folgenden gehört:

– Wer ist dieser Charlus? Und die Herzogin von Guermantes, ist das Madame de C . . .? Oder Madame S . . .?

– Aber nein, das ist die Gräfin G . . .

Keiner aber unternimmt den Versuch, die Verdurins, einen Bloch, eine Madame Bontemps zu identifizieren. Aus der neuen ›Comédie humaine‹ erwächst eine weitere Komödie. Die Weltleute, deren klischeehafte Wendungen man sammeln sollte, bemerken untereinander:

– Proust hat die Gesellschaft durch das falsche Ende des Opernglases angeschaut . . .

Würden sie wohl den Erbauern der gotischen Dome die genaue Zeichnung und ausdrucksvolle Ähnlichkeit der Raben auf ihren Kathedralen zum Vorwurf machen? Über diesen letzteren Angriff auf ihn hat Proust sich selber unter Verwendung seines Haupthandwerkzeuges, des Teleskops, lustig gemacht. Was die Schlüssel seines Romans betrifft, so muß man sie da suchen, wo sie sich befinden:

Heut abend bin ich mit meinem Geliebten zusammen, o Vorsehung, wirf die Schlüssel des Morgens in den Brunnen[1].

Marcel Proust hat ein Leben gelebt, das nur Liebe, Leidenschaft und Verzicht gewesen ist. Seine Sprache ist die der Mystiker. Nach einer Auseinandersetzung schreibt er an Antoine in einem einzigen Verlangen nach

1 Persisches Lied.

Aufrichtigkeit die folgenden Worte, in denen sich sein Herz offenbart:

... Da der tiefste Grund meiner Natur die Sympathie ist, schaffe ich lieber in mir die Zustände wieder nach, die mich mit den Menschen verbinden als die, die mich auf immer von ihnen trennen.[1]

Jedem einzelnen seiner Freunde hätte er – diesmal im religiösen Sinn – sagen können:

Wie mein Vater mich geliebt hat, liebe euch auch ich.

Denn er hat sie wirklich im Geiste wiedererschaffen.

Aus seiner Begegnung mit jedem von ihnen ist dank der Glut und der Kraft seines Verstandes ein drittes Wesen hervorgegangen, ein Phantasiegeschöpf, das, wie es auch in der Geschlechterfolge der Lebewesen vorkommt, Züge desjenigen trägt, der sie ursprünglich eingeleitet hat, ihres Schöpfers, und auch Züge, Nuancen, Eigentümlichkeiten des Ausdrucks, Verhaltensweisen, die aus der Tiefe der Zeiten, der Rassen und der Erbanlagen stammen. So wäre es, was die Gestalt Saint-Loups betrifft, die Proust ganz sicher mit *Hilfe von* Bertrand de Fénelon geschaffen hat, unsinnig zu behaupten, es bestehe eine absolute Identität zwischen dem Helden des Buches und dem Nonelef ›mit den meerblauen Augen‹ der Briefe an Antoine, es sei denn bei dem heroischen Ende, jenem letzten Angriff, wo wir ihn freilich nicht vergessen können.

Er war sicher sehr schön gewesen in seinen letzten Stunden. Er, der in diesem Leben, selbst wenn er saß, selbst

1 Brief LXIV an Antoine Bibesco.

wenn er einen Salon durchschritt, immer den Schwung des Angriffs in sich zu tragen schien, während er mit einem Lächeln den unzähmbaren Willen überdeckte, der sich in seinem dreikantigen Kopf verbarg, war endlich wirklich zum Angriff übergegangen. Von seinen Büchern befreit, war der feudale Belfried wieder zum alten Wehrturm geworden.[1]

Ursprünglich hat seine Freundschaft mit Fénelon Marcel Proust in den Stand der Gnade, das heißt instandgesetzt, jene Synthese des jungen französischen Aristokraten zu ersinnen, aus der Robert de Saint-Loup geworden ist. Ich meinerseits erkenne in dieser Gestalt Ähnlichkeiten mit mehreren anderen jungen Leuten, die ich auf Bällen sah und die jünger waren als Bertrand de Fénelon, aber dem gleichen Milieu wie er angehörten, Gestalten, die Marcel Proust wahrscheinlich nach dem Verschwinden seines Freundes beobachtet hat, den er entsprechend der Methode, mit der er seinen Gefühlen nachging, in anderen Personen wiederzufinden suchte, die sein damaliges Alter hatten und vielleicht auch seine Art sich zu geben, die Haltung Fénelons in seiner frühen Jugend, aus der Marcel Prousts erste Begegnung mit ihm datierte. Erst zum Zeitpunkt seines Todes können wir auch die eines Josselin de Rohan, eines Sanche de Gramont, um nur diese zu erwähnen, in jener Gestalt erkennen.

Alles, was aus einem Schlüsselroman ein Plagiat, also etwas Niedriggeartetes macht, ist Marcel Proust vollkommen fremd. Er erschafft aus Liebe, er stellt die Legierung eines dritten Wesens aus den Elementen des

1 Die wiedergefundene Zeit, S. 258.

ersten her, zu dem er noch unendlich viel von sich selber hinzutut. Er selbst sagt einmal mit Bezug auf die Schöpfung seines Werkes:

(Man muß es) hegen und pflegen wie ein Kind, es schaffen wie eine Welt, ohne jene Geheimnisse außer acht zu lassen, die ihre Erklärung wahrscheinlich nur in anderen Welten finden, deren erahntes Sein jedoch das ist, was uns im Leben und in der Kunst am tiefsten zu bewegen vermag[1] . . .

Als ein Zeugnis für die unglaubliche Vielgestaltigkeit der Elemente, aus denen sein Mosaik besteht, erscheint mir in einem seiner Briefe die Antwort auf eine ganz präzise Frage Antoine Bibescos betreffs des berühmten kleinen Themas in der Sonate von Vinteuil, dessen geheime Bezüge ihm offenbaren, ›welchen Reichtum, welche Fülle der Vielheit uns unbewußt jene große undurchwanderte, entmutigend ziellose Nacht unserer Seele birgt, die wir für Leere halten und für Nichts.‹[2]

Lieber Antoine,
hier nur eine einzige Zeile, denn es geht mir sehr schlecht, um Dir von ganzem Herzen zu danken und Dir zu sagen, daß die Sonate von Vinteuil nicht die von César Franck ist. Falls es Dich interessieren sollte (aber ich glaube es eigentlich nicht), will ich Dir mit einem Exemplar des Bandes in der Hand alle die zum Teil höchst mittelmäßigen Werke aufzählen, die für die Sonate das ›Modell‹ abgegeben haben. Das kleine Thema

1 Die wiedergefundene Zeit, S. 540.
2 In Swanns Welt, S. 514.

zum Beispiel ist eines aus der Sonate für Violine und Klavier von Saint-Saëns, das ich Dir vorsingen werde (zittere schon jetzt!). Das darüber schwebende Tremolo stammt aus einer Ouvertüre von Wagner, sein seufzergleicher Beginn aus der Sonate von Franck, die zögernd einherschreitenden Takte aus einer Ballade von Fauré usw. usw. Und da glauben die Leute, daß das alles so obenhin, aus Bequemlichkeit hingeschrieben ist!

Alles Liebe den beiden Brüdern!

Marcel[1]

Ich selber transponiere auf meine Weise: alle die (zuweilen ganz mittelmäßigen) jungen Leute, die als Modell für Saint-Loup gedient haben, waren durchaus keine Fénelons, aber bestehen bleibt, daß Marcel Proust die Musik, die Jugend und das Heldentum liebte.

Ich gehe innerhalb der Komposition des Werkes dem, was die große Freundschaft hinzugetan hat, immer wieder da nach, wo mit dem Frühling auch die ineinandergreifenden Themen der gotischen Kathedralen und der blühenden Bäume wiederkehren. Die drei Freunde erscheinen mir dann so, wie sie mir die tief bewegende Momentaufnahme aus jener Zeit zeigt, in der ich noch nicht war:

Zu dieser Zeit unternahmen wir – ein paar Freunde und er – Reisen zu den Kirchen, den Bauwerken, die er besonders liebte. Man brauchte dann nicht zu befürchten, daß er nicht rechtzeitig fertig sein würde am Morgen, denn er ging am Abend zuvor gar nicht erst zu Bett . . . Auf diese Weise waren wir in Laon, in Coucy.

1 Brief CXV an Antoine Bibesco.

Ungeachtet seiner Atemnot und seiner Ermüdbarkeit stieg er sogar bis auf die Plattform des großen Turmes, der von den Deutschen abrasiert worden ist. Ich erinnere mich noch, wie er die Stufen hinaufging, auf den Arm von Bertrand de Fénelon gestützt, der, um ihm Mut zu machen, den ›Karfreitagszauber‹ sang. Es war tatsächlich ein Karfreitag mit blühenden Obstbäumen in der ersten Frühlingssonne. Ich sehe Marcel auch noch vor mir, wie er vor der Kirche von Senlis den Worten des Prinzen Emmanuel Bibesco lauschte, der ihm in aller Bescheidenheit und ganz so, als lehne er es ab, ihn belehren zu wollen, erklärte, worin die Besonderheit der Glockentürme in der Ile-de-France besteht.[1]

Aus der Ferne der Zeit wohne ich diesem steten Aufstieg bei und meine, je höher sie auf den dem Untergang geweihten Turm hinaufgelangten, die drei Freunde zugleich vereinend und trennend, zwischen ihnen in bleicher Weiße, so wie ein in der Ebene stehender Blütenbaum wirkt, eine Gestalt aufragen zu sehen, die schon ihrer aller Weggenossen ist: den Tod.

Meine letzte ›Konjunktion‹ mit Marcel Proust kam durch den einzigen Überlebenden der großen Freundschaft im Sommer 1923 zustande. Es war wenige Monate, bevor auch Marcel Proust an einer Kehre der Wendeltreppe entschwand, auf der ihm Fénelon und dann Emmanuel schon vorangeschritten waren. Die Konjunktion blieb unvollkommen, weil es mir nicht einmal möglich wurde, Marcel Proust zu sehen, aber sie

1 Hommage à Marcel Proust: Quelques années avec Swann. Georges de Lauris (p. 41).

erscheint mir schöner und bedeutungsvoller gerade dadurch, daß sie sich nur unter Trennung durch eine Zwischenwand und durch den Blick eines andern – Antoines – hindurch vollzog, der als einziger in jenes Gemach noch eingelassen wurde, in dem für mich die Ewigkeit begann.

Wir wußten, daß Marcel Proust sein Bett nicht mehr verließ und daß man ihn immer weniger zu sehen bekam. Er war in seine Verpuppung eingeschlossen – endgültig, wie es hieß. Er schrieb nur noch kurze Briefchen, in denen er sein Ende voraussagte, aber auch die Vollendung seines großen Werkes. Was eigentlich bezeichnete er als sein Ende? Ich habe da manchmal meine Zweifel an seinen Zweifeln, wenn ich bedenke, was er über Gérard de Nerval geschrieben hat:

Der Dichter schämt sich des eben beendeten Anfalls so wenig, wie wir täglich darüber erröten, daß wir geschlafen haben, und eines Tages etwa verlegen sein werden, weil wir einen Augenblick durch den Tod hindurchgegangen sind.

Hatte er es sich nicht zur Aufgabe gemacht, uns bei jedem Verschwinden eines geliebten Menschen merkwürdig eindringlich klarzumachen, es hänge nur von uns ab, ihn am Leben zu erhalten?

Hatte er nicht kühn den Sinn des Ausspruchs des hl. Augustinus umgewandelt, den ich einst auf der ersten Seite des ›Récit d'une sœur‹ hatte stehen sehen: ›Man verliert niemals diejenigen, die man liebt, in dem, das man nicht verlieren kann‹, das heißt in sich selbst?

Welches magische Heilmittel, welchen Zaubertrank braute er im Dunkel seines Puppenstandes zusammen, um den Tod zu überwinden? Verbarg er sich vor seinen Freunden nur, um sie besser zu sehen?

... Übrigens werde ich Dich anrufen, wenn ich Dich empfangen kann, nur wird es leider zu einer Stunde sein, zu der sicherlich bei Dir zu Hause sich niemand melden wird. Auf alle Fälle will ich mich in diesem Sommer, wenn ich das umfangreiche einmal unternommene Werk abgeschlossen habe, vor dem Verlassen dieser Erde ganz darauf konzentrieren, einige der ›companions that have given me all the best joy of my life on the Earth‹[1] wiederzusehen ...

...

und unter ihnen gibt es keinen, mein lieber Antoine, der mir in besserer Erinnerung geblieben ist als Du. Mein einsames Dahinleben hat mir erlaubt, in Gedanken alle diejenigen, die ich liebe, nachzuerschaffen, und so habe ich immer den lieben Antoine bei mir wie in den Tagen, da er so gut zu mir gewesen ist. Aber Du? Erinnerst Du Dich noch an mich nach so langer Zeit? ...[2]

Eines Abends nach dem Theater wollte mein Vetter ganz improvisierterweise seine Frau und mich in die Rue Hamelin mitnehmen; er behauptete, er mache Marcel Proust immer solche Überraschungsbesuche. Er würde uns mit zu ihm hineinnehmen trotz des vermutlichen Widerstandes seines Freundes, der sich nicht gern in seinem vom Rauch der Inhalationen durchwo-

1 ›Gefährten, die mir während meines Erdenlebens die besten Freuden geschenkt haben‹.
2 Brief CLXIII an Antoine Bibesco.

benen Kokon sehen lasse. Ich sträubte mich erst nur wenig, dann sogar aber heftig, denn ich fürchtete, daß meine Anwesenheit unter solchen Bedingungen Marcel Proust sehr unangenehm sein werde, hatte doch niemals eine andere als ganz irreale Intimität zwischen uns bestanden. Zumindest wollte ich, daß mein Kommen ihm gemeldet werde. Antoine aber ließ mir dazu keine Zeit.

Ich täuschte mich auch keineswegs, wie ich seither erfahren habe, über das Unbehagen, das Marcel Proust jeweils empfand, sich von anderen als seinen liebsten Freunden in dem Zustand erblicken zu lassen, in den ihn jene Inhalationen und vor allem seine Arbeit versetzten.

Heute weiß ich, wie recht ich hatte, seine einsiedlerhafte Scheu zu fürchten, wenn ich zwei Briefe lese und vergleiche, die Marcel Proust in großem Zeitabstand geschrieben hat und in denen er Antoine das eine Mal beschwört, Emmanuel, den er damals noch wenig kannte, und ein andermal Harold Nicholson[1], den er noch weniger kannte, nicht in sein Zimmer mit den Korkwänden mitzubringen.

... Komm niemals mit Deinem Bruder. Das richtet sich natürlich nicht gegen seine Person, denn er ist ja reizend, und ich wäre glücklich, wenn ich ihn sehen könnte. Der Grund, den Du sehr gut verstehen wirst, ist der folgende. Ich würde ihn nicht in mein Schlafzimmer kommen lassen, und im übrigen würde Mama es auch nicht erlauben, ich würde ihn nicht unangezogen in meinen verschmutzten Trikots etc. empfangen ... Die Fol-

1 Harold Nicholson, englischer Schriftsteller, Botschaftssekretär. Verfasser von ›Some People‹.

ge aber würde dann sein, daß ich auch Dich nicht empfangen könnte und daß Du nach und nach in die Kategorie jener Freunde gerietest, die ich nur angezogen und im Speisezimmer empfangen würde, das heißt sehr selten.

Wir würden uns weniger sehen und einander weniger lieben ...[1]

›Mama‹ ist nicht mehr da, um zu verbieten, daß jemand ihren Sohn in seinen ›verschmutzten Trikots‹ sieht, aber Marcel Proust wird sich auch späterhin gegen das ungestüme Verhalten Antoines verwahren, der getreu seiner Methode, die Entfernungen zwischen seinen Freunden für irrelevant zu erklären, durchaus imstande wäre, auch noch zwanzig Jahre später einen Unbekannten in das durchräucherte Zimmer einzuführen.

Antoine, ich habe Nicholson bezaubernd gefunden, und dazu so gescheit! ... Alles das bedeutet aber nicht, daß Du ihn hierher zu mir mitbringen sollst, denn es wäre mir schrecklich, wenn er mich in meiner Korkhöhle und mit meinen verschmutzten Trikotsachen sähe[2] ...

Als Antoine an jenem Abend die Treppe in der Rue Hamelin emporsteigt, denkt er noch daran, uns beide, Elizabeth und mich, mit Gewalt in das verbotene Gemach zu schleppen. Habe ich nicht unrecht, mich von ihm einfach mitnehmen zu lassen? Ich bin mir jetzt sehr genau bewußt, welchen Platz ich im Denken und im Herzen von Marcel Proust einnehme. Dieser Platz ist an sich nicht groß. Er wäre ungeheuer groß, wofern Antoine

1 Brief XXI an Antoine Bibesco.
2 Brief CLXXII an Antoine Bibesco.

nicht mehr da sein würde. Dann nämlich würde ich für ihn die eine, unteilbare große Freundschaft darstellen: Antoine, Emmanuel und, von Echo zu Echo, Bertrand. Ich habe genug Marcel Proust gelesen, um zu wissen, daß meine Anwesenheit für ihn keine Hilfe sein würde, wenn ich in diesem Augenblick in sein Zimmer träte. Weshalb sollte er denn, um seine Träume zu beleben, den Seitenweg nach Comarnic einschlagen, wo doch die Gegenwart des einzigen Überlebenden genügt, damit er sich beschwingt auf die ideale Linie begibt, die über Strehaja und Corcova in Richtung Konstantinopel führt?

Auf dem Treppenflur angelangt, hat Antoine zweimal rasch hintereinander geläutet. Auf dieses Signal hin öffnet Céleste[1] die Tür und schließt sie nicht wieder, als sie sieht, daß wir zu dreien sind!

– Monsieur hat einen furchtbaren Anfall gehabt. Er kann kaum noch atmen. Es steht zu befürchten, daß er niemanden empfangen kann, nicht einmal den Prinzen Antoine, der ihm immer mit seinen Besuchen eine Riesenfreude macht ...

Aber Marcel Proust hat nur zu gut das bedeutungsvolle Glockenzeichen vernommen. Céleste, die verschwunden war, ohne ihren Satz zu beenden, kehrt zurück und bedeutet uns mit unendlicher Sanftmut, daß Antoine gewünscht wird, daß aber Elizabeth und ich gebeten werden, die Schwelle des kleinen Salons nicht zu überschreiten. Sie setzt noch hinzu:

– Monsieur fürchtet sich sehr vor dem Duft der Prinzessinnen ...

Als ob wir tatsächlich Blumen wären!

1 Madame Céleste Albaret, die bewundernswürdige ›servante au grand cœur‹, die großherzige Dienerin Marcel Prousts.

Ich habe im Ohr noch den Klang des vereinbarten Signals, während ich den alten Brief lese, in dem von Antoines zweimaligem Glockenzeichen, sic und sicissime, die Rede ist:

Lieber Antoine,
ich habe mich diese ganzen Tage sehr nach Dir gesehnt. Manchmal, nachdem ich ein paar Minuten aufgestanden war, habe ich schlafen wollen und Dir durch Mama schreiben lassen, Du möchtest nicht kommen, da Dein herrliches Glockenzeichen das Ende allen Schlafes ist, weniger wegen seiner Klangfülle als durch die musikalische Intensität dieses ›Leitmotivs‹ der Liebe, dieses Halalis der Wünsche, Dich zu sehen, die es auf der Stelle in mir weckt, und die kein Trional dann wieder einzulullen vermag. Als ich gerade wach war und versuchen wollte, Dich telefonisch zu erreichen, sind verschiedene Billys angekommen, und da fürchtete ich, Du würdest böse sein, wenn ich Dich unter solchen Voraussetzungen störe. Billy[1] ist zum Nachtessen und hinterher noch bis Mitternacht geblieben. Ich gehe sehr traurig schlafen, weil ich für meine immer quälenden Schmerzen die anregende Beschwichtigung Deiner energischen Sanftmut nicht hatte haben können[2] . . .

Dieses Leitmotiv, dieses Halali habe ich alle die Jahre hindurch gehört, und sie besaßen noch soviel Macht über den Geist eines Sterbenden, daß die Pforte sich für die Erinnerung öffnet.

Ich finde noch folgendes Briefchen:

1 Robert de Billy, französischer Botschafter in Tokio.
2 Brief XXXIII an Antoine Bibesco.

Sehr nett wäre, wenn Du, wofern es noch früher als zwölf Uhr fünfzig ist, eine Minute zu mir heraufkämst. Aber tue es nicht, falls Du zu müde bist. Und sage mir nicht, ich bin erst um ein Uhr nach Hause gekommen. Ich denke viel lieber, Du bist um zwölf gekommen, warest aber zu müde und hast mich deshalb nicht noch aufgesucht. Du brauchtest nur wie immer zweimal zu schellen. Ich habe Dich gesucht oder vielmehr durch Bertrand suchen lassen, denn bei Laurent[1] wollte ich mich nicht zeigen . . .

Bertrand hat Antoine gefunden, und die Freunde sind ein letztes Mal zum Gespräch unter sich. Wieviele sind es jetzt hinter jener undurchdringlichen Mauer? Es sind vier, und ich weiß gewiß, ›sie reden noch miteinander hinter den leichten Trennungswänden, die der Tod errichtet hat‹.

Was mögen sie sich sagen? Ich errate es: sie sagen sich einfach alles.

. . . Du bist zu gescheit, mein guter Antoine, um nicht zu verstehen, daß mein Interesse an der Fortsetzung dieses Gespräches auf dem Vergnügen am Diskutieren, der Liebe zur Logik und dem leidenschaftlichen Drang zum Erforschen beruht . . .[2]

Hyères, 22. März.
Paris, 10. Mai 1928

1 Laurent, der Restaurateur. Brief VI an Antoine Bibesco.
2 Brief XXVI an Antoine Bibesco.

Zu dieser Ausgabe

insel taschenbuch 1349
Marthe Princesse Bibesco
Begegnung mit Marcel Proust

Aus dem Französischen von Eva Rechel-Mertens ist erstmals als Band 318 der Bibliothek Suhrkamp 1972 erschienen.

Die französische Originalausgabe war 1928 bei Éditions Gallimard unter dem Titel: »Au bal avec Marcel Proust« erschienen.

Umschlagabbildung: Blanche Jacques-Emile, Portrait de Marcel Proust.

Französische Literatur
im insel taschenbuch

Honoré de Balzac: Das Chagrinleder. Aus dem Französischen von Hedwig Lachmann. Herausgegeben von Erika Wesemann. it 1278
– Eugénie Grandet. Aus dem Französischen von Gisela Etzel. Herausgegeben von Eberhard Wesemann. it 1127
– Die Frau von dreißig Jahren. Aus dem Französischen übertragen von Werner Blochwitz. it 460
– Glanz und Elend der Kurtisanen. Aus dem Französischen von Felix Paul Greve. it 1232
– Das Mädchen mit den Goldaugen. Aus dem Französischen von Ernst Hardt. Mit einem Vorwort von Hugo von Hofmannsthal. Zehn Illustrationen von Marcus Behmer. it 60
– Tolldreiste Geschichten. Aus dem Französischen von Benno Rüttenauer. Mit Illustrationen von Gustave Doré. it 911
– Über die Liebe. Sein Weltbild aus seinen Werken. Zusammengestellt und mit einem Essay herausgegeben von Stefan Zweig. it 715
– Vater Goriot. Aus dem Französischen von Franz Hessel. Herausgegeben von Erika Wesemann. it 1167
Charles Baudelaire: Die Blumen des Bösen. Übertragen von Carlo Schmid. it 120
Pierre Augustin Caron de Beaumarchais: Die Figaro-Trilogie. Der Barbier von Sevilla oder Die nutzlose Vorsicht. Der tolle Tag oder Figaros Hochzeit. Die Schuld der Mutter oder Ein zweiter Tartuffe. Deutsch von Gerda Scheffel. Nachwort von Norbert Miller. Mit zeitgenössischen Illustrationen. it 228
William Beckford: Vathek. Aus dem Französischen von Franz Blei. Mit einem Vorwort von Stéphane Mallarmé. it 1172
Hector Berlioz: Groteske Musikantengeschichten. Aus dem Französischen von Elly Ellès. it 859
George Clémenceau: Claude Monet. Betrachtungen und Erinnerungen eines Freundes. Mit farbigen Abbildungen und einem Nachwort von Gottfried Boehm. it 1152
Alphonse Daudet: Briefe aus meiner Mühle. Aus dem Französischen übertragen von Alice Seiffert. it 446
– Montagsgeschichten. Aus dem Französischen von Eva Meyer. it 1251
– Tartarin von Tarascon. Die wunderbaren Abenteuer des Tartarin von Tarascon. Mit 45 Zeichnungen von Emil Preetorius. it 84
Denis Diderot: Erzählungen und Gespräche. Übersetzt von Katharina Scheinfuß. it 554
– Jakob und sein Herr. In der Übersetzung von Mylius. Herausgegeben von Horst Günther. it 772

152/1/10.90

Französische Literatur im insel taschenbuch

Denis Diderot: Die Nonne. Mit einem Nachwort von Robert Mauzi, die Übersetzung des Nachworts besorgte Margaret Carroux. it 31

– Rameaus Neffe. Le Neveu de Rameau. Ein Dialog. Zweisprachige Ausgabe. Übersetzt von Goethe. Mit Zeichnungen von Antoine Watteau. Herausgegeben und mit einem Nachwort versehen von Horst Günther. it 775

Alexandre Dumas: Die drei Musketiere. Aus dem Französischen von Herbert Bräuning. it 1131

– Der Graf von Monte Christo. 2 Bde. Bearbeitung einer alten Übersetzung von Meinhard Hasenbein. Mit Illustrationen von Pavel Brom und Dagmar Bromova. it 266

– Die Kameliendame. Aus dem Französischen von Walter Hoyer. Mit Illustrationen von Paul Gavarni. it 546

Marguerite Duras: Der Vize-Konsul. Roman. Deutsch von W. M. Guggenheimer. Großdruck. it 2312

Dominique Fernandez: Süditalienische Reise. Aus dem Französischen von Julia Kirchner. Mit farbigen Fotografien von Martin Thomas. it 1076

Gustave Flaubert: Bouvard und Pécuchet. Aus dem Französischen übersetzt von Georg Goyert. Mit Illustrationen von András Karakas. Mit einem Vorwort von Victor Brombert und einem Nachwort von Uwe Japp. it 373

– Drei Erzählungen. Trois contes. Übersetzt und herausgegeben von Cora van Kleffens und André Stoll. it 571

– Lehrjahre des Gefühls. Geschichte eines jungen Mannes. Übertragen von Paul Wiegler. Mit einem Essay und einer Bibliographie von Erich Köhler. it 276

– Madame Bovary. Revidierte Übersetzung aus dem Französischen von Arthur Schurig. it 167

– November. Aus dem Französischen übersetzt von Ernst Sander. Mit einem Nachwort von Monika Bosse. it 411

– Reise in den Orient. Ägypten. Nubien. Palästina. Syrien. Libanon. Aus dem Französischen von Reinhold Werner und André Stoll. Mit Photographien von Maxime Du Camp, einem Register und einem Nachwort. Herausgegeben von André Stoll. it 619

Gustave Flaubert: Salammbô. Herausgegeben und mit einem Nachwort versehen von Monika Bosse und André Stoll. Aus dem Französischen übersetzt von Georg Brustgi. it 342

– Ein schlichtes Herz und andere Erzählungen. Aus dem Französischen von Cora van Kleffens und André Stoll. Großdruck. it 2314

152/2/10.90

Französische Literatur im insel taschenbuch

Anatole France: Blaubarts sieben Frauen und andere Erzählungen. Mit Illustrationen von Lutz Siebert. Aus dem Französischen von Irmgard Nickel. it 510

Die geheimen Papiere der Gräfin Dubarry. Mit einem Nachwort von Franz Blei. it 1262

Edmond und Jules de Goncourt: Germinie Lacerteux. Aus dem Französischen von Curt Noch. it 1054

– Tagebücher. Aufzeichnungen aus den Jahren 1851-1870. Nach der ersten Gesamtausgabe der Académie Goncourt ausgewählt, übertragen und herausgegeben von Justus Franz Wittkop. it 692

Victor Hugo: Notre-Dame von Paris. Aus dem Französischen von Else von Schorn. Mit zeitgenössischen Illustrationen. it 298

Choderlos de Laclos: Schlimme Liebschaften. Mit 14 Kupferstichen. Übertragen und eingeleitet von Heinrich Mann. it 12

Madame de Lafayette: Die Prinzessin von Clèves. Roman. Aus dem Französischen von Julia Kirchner. Mit einem Nachwort von Emile Magne. it 768

Briefe der Ninon de Lenclos. Aus dem Französischen von Lothar Schmidt. Mit zehn Radierungen von Karl Walser. it 1173

Alain René Le Sage: Die Geschichte des Gil Blas von Santillana. Aus dem Französischen von Konrad Thorer. Mit Illustrationen von Daniel Chodowiecki. it 949

Pierre Carlet de Marivaux: Die Abenteuer des jungen Brideron. Eine Parodie. Übersetzt und herausgegeben von Gerda Scheffel. it 1035

– Betrachtende Prosa. Aus dem Französischen übertragen und mit einem Nachwort herausgegeben von Gerda Scheffel. it 1049

– Das Spiel von Liebe und Zufall. Und andere Komödien. Aus dem Französischen und mit einem Nachwort von Gerda Scheffel. it 805

Guy de Maupassant: Bel-Ami. Aus dem Französischen von Josef Halperin. Mit zeitgenössischen Illustrationen. it 280

– Die Brüder. Novelle. Deutsch von Ernst Weiß. Mit Illustrationen von Géo Dupuis. it 712

– Das Haus Tellier. Und andere Erzählungen. Ausgewählt und mit einem Nachwort versehen von Werner Berthel. Mit zeitgenössischen Illustrationen. Aus dem Französischen übersetzt von Helmut Bartuschek und Karl Friese. it 248

– Pariser Abenteuer. Und andere Erzählungen. Ausgewählt von Werner Berthel. Mit zeitgenössischen Illustrationen. Aus dem Französischen von Helmut Bartuschek und Karl Friese. it 106

152/3/10.90

Französische Literatur
im insel taschenbuch

Guy de Maupassant: Unser einsames Herz. Herausgegeben und mit einem Nachwort versehen von Dolf Oehler. Mit zeitgenössischen Illustrationen. Aus dem Französischen von Josef Halperin. it 357

Louis Sébastien Mercier: Das Jahr 2440. Ein Traum aller Träume. Herausgegeben von Herbert Jaumann. it 1162

Prosper Mérimée: Carmen. Mit Zeichnungen von Pablo Picasso. Aus dem Französischen übersetzt von Franz Schnabel. it 361

Jules Michelet: Die Frauen der Revolution. Herausgegeben und übersetzt von Gisela Etzel. Mit zahlreichen Abbildungen. it 726

Honoré-Gabriel Mirabeau: Der gelüftete Vorhang oder Lauras Erziehung. Aus dem Französischen von Eva Moldenhauer. Nachbemerkung von Norbert Miller. it 32

– Preußische Monarchie und Französische Revolution. Briefe nach Deutschland und Kapitel aus der »Preußischen Monarchie« in der Übersetzung von Jakob Mauvillon. Herausgegeben von Horst Günther. it 1118

Molière: Der eingebildete Kranke. Aus dem Französischen von Johanna Walser und Martin Walser. it 1014

– Der Menschenfeind. Nach dem Französischen des Molière von Hans Magnus Enzensberger. it 401

Michel de Montaigne: Essays. Herausgegeben und mit einem Nachwort versehen von Ralph-Rainer Wuthenow. Revidierte Fassung der Übertragung von Johann Joachim Bode. it 220

– Tagebuch einer Reise durch Italien. Aus dem Französischen von Otto Flake. it 1074

Michel de Montesquieu: Perserbriefe. Aus dem Französischen von Jürgen von Stackelberg. Mit Anmerkungen zum Text und einem Nachwort. it 458

Blaise Pascal: Größe und Elend des Menschen. Aus den »Pensées«. Auswahl, Übersetzung und Nachwort von Wilhelm Weischedel. it 441

– Über die Religion und über einige andere Gegenstände. Aus dem Französischen übertragen und mit einem Nachwort herausgegeben von Ewald Wasmuth. it 1008

Abbé Prévost: Manon Lescaut. Geschichte des Ritters Des Grieux und der Manon Lescaut. Mit einem Nachwort von Josef Heinzelmann. Illustrationen von Franz von Bayros. Aus dem Französischen von Elisabeth von Hase und Walter Hoyer. it 518

Marcel Proust / Eugène Atget: Ein Bild von Paris. Texte und Photographien. Herausgegeben von Arthur D. Trottenberg. it 669

152/4/10.90

Französische Literatur
im insel taschenbuch

François Rabelais: Gargantua und Pantagruel. Mit Illustrationen von Gustave Doré. Herausgegeben von Horst und Edith Heintze. Erläutert von Horst Heintze und Rolf Müller. 2 Bände. Übersetzung auf Grund der maßgebenden französischen Ausgabe, unter Benutzung der deutschen Fassung von Ferdinand Adolf Gelbcke. it 77

Jean-Jacques Rousseau: Bekenntnisse. Aus dem Französischen von Ernst Hardt. Mit einer Einführung von Werner Krauss. it 823

Marquis de Sade: Justine oder Die Leiden der Tugend. Mit einem Essay von Albert Camus. Aus dem Französischen von Raoul Haller. it 1257

– Schriften aus der Revolutionszeit. Herausgegeben von Georg Rudolf Lindt. it 1117

George Sand: Geschichte meines Lebens. Aus ihrem autobiographischen Werk ausgewählt und mit einer Einleitung versehen von Renate Wiggershaus. it 313

– Indiana. Aus dem Französischen von A. Seubert. Mit einem Essay von Annegret Stopczyk. it 711

– Lélia. Aus dem Französischen von Anna Wheill. Mit einem Essay von Nike Wagner. it 737

– Lucrezia Floriani. Roman. Aus dem Französischen von Anna Wheill. it 858

– Das Teufelsmoor. Aus dem Französischen von Helene und Herbert Kühn. Mit Illustrationen von Tony Johannot. it 943

Misia Sert: Pariser Erinnerungen. Aus dem Französischen von Hedwig Andertann. Mit einem Bildteil. it 1180

Madame de Sévigné: Briefe. Herausgegeben und übersetzt von Theodora von der Mühl. Mit zeitgenössischen Kupferstichen. it 395

Anne Germaine Madame de Staël: Über Deutschland. Vollständige und neu durchgesehene Fassung der deutschen Erstausgabe von 1814 in der Gemeinschaftsübersetzung von Friedrich Buchholz, Samuel Heinrich Catel und Julius Eduard Hitzig. Herausgegeben und mit einem Nachwort versehen von Monika Bosse. Mit einem Register, Anmerkungen und einer Bilddokumentation. it 623

Stendhal: Die Kartause von Parma. Vollständige Ausgabe. Aus dem Französischen von Arthur Schurig. it 1222

– Rom, Neapel und Florenz im Jahre 1817. Aus dem Französischen von Katharina Scheinfuß und Bernhard Frank. it 1073

– Rot und Schwarz. Vollständige Ausgabe. Aus dem Französischen von Arthur Schurig. Mit einem Nachwort von Uwe Japp. it 1210

– Über die Liebe. Vollständige Ausgabe. Aus dem Französischen und mit einer Einführung von Walter Hoyer. it 124

152/5/10.90

Französische Literatur
im insel taschenbuch

Eugène Sue: Die Geheimnisse von Paris. 3 Bde. in Kassette. Aus dem Französischen von Helmut Kossodo. Mit zeitgenössischen Illustrationen. it 1080

Paul Verlaine: Galante Feste. Fêtes Galantes. Zweisprachige Ausgabe. Aus dem Französischen von Hans-J. Weitz. Mit Zeichnungen von Robert Pudlich. it 938

François Villon: Sämtliche Dichtungen. Zweisprachige Ausgabe. Aus dem Französischen von Walther Küchler. it 1039

Voltaire: Candide oder der Optimismus. Mit Zeichnungen von Paul Klee. it 11

– Philosophisches Wörterbuch. Nach der Textauswahl von Rudolf Noack. Herausgegeben und eingeleitet von Karlheinz Stierle. Aus dem Französischen von Erich Salewski und Karlheinz Stierle. it 855

– Sämtliche Romane und Erzählungen. Mit einer Einleitung von Victor Klemperer und Stichen von Moreau le jeune. Aus dem Französischen übersetzt von Ilse Lehmann. it 209

– Zadig oder das Schicksal. Eine orientalische Erzählung. Aus dem Französischen von Ilse Lehmann. Mit vierzig Radierungen von Marcus Behmer. it 121

Wilhelmine von Bayreuth: Eine preußische Königstochter. Glanz und Elend am Hofe des Soldatenkönigs in den Memoiren der Markgräfin Wilhelmine von Bayreuth. Aus dem Französischen von Annette Kolb. Neu herausgegeben von Ingeborg Weber-Kellermann. Mit Illustrationen von Adolph Menzel. it 1280

Emile Zola: Germinal. Aus dem Französischen von Armin Schwarz. Mit Illustrationen von Renate Sendler-Peters. it 720

– Nana. Aus dem Französischen und mit einem Nachwort versehen von Erich Marx. Illustrationen von Renate Sendler-Peters. it 398

– Thérèse Raquin. Aus dem Französischen von Ernst Hardt. it 1146

152/6/10.90